Die Bildhauerin und das Kind

Die wunderbare Rettung
eines kleinen jüdischen Mädchens
durch Hedwig Wittekind

Petra Bonavita

Die Bildhauerin

und das Kind

Die wunderbare Rettung
eines kleinen jüdischen Mädchens
durch Hedwig Wittekind

Schmetterling Verlag

Bibliografische Informationen der Deutschen Nationalbibliothek.
Die Deutsche Nationalbibliothek verzeichnet diese Publikation in der Deutschen Nationalbibliografie; detaillierte Daten sind im Internet über http://dnb.d-nb.de abrufbar

Für Simon

Schmetterling Verlag GmbH
Libanonstr. 72A
70184 Stuttgart
www.schmetterling-verlag.de
Der Schmetterling Verlag ist Mitglied von aLiVe.
ISBN 3-89657-046-3
1. Auflage 2021
Druck: sowa, Warschau
Printed in Poland

Umschlag: Selbstbildnis von Hedwig Wittekind (1931) in Privatbesitz. Copyright Herbert Wittekind/ Büdingen. Im Hintergrund ein Briefauszug aus dem Jahr 1941.
Photo der Autorin: © Ulrike Deuscher, Frankfurt am Main
Satz: Rolf Mütze

Inhalt

Wie die Geschichte gefunden wurde

Noch immer, Jahrzehnte nach Kriegsende, liegen in manchen Archiven bemerkenswerte Dokumente, die neue Einblicke in die Alltagsgeschichte des Widerstands gegen den Nationalsozialismus erlauben. Sie bringen die vergessenen und oft sehr mutigen Aktionen einzelner Menschen ans Licht.

Wenn man lange genug sucht und nicht nur Geduld und Ausdauer zeigt, sondern auch dem Zufall und dem Glück begegnet, dann kann man fündig werden. So habe ich die Bildhauerin Hedwig Wittekind gefunden, deren Name in der Datenbank der Gedenkstätte Deutscher Widerstand in Berlin eingetragen war. Sie wurde als Retterin eines jüdischen Berliner Ehepaars und dessen kleiner Tochter genannt. Den Daten konnte ich entnehmen, dass Hedwig Wittekind dem verfolgten Ehepaar beim «Untertauchen» geholfen hatte. Das heißt, dass die Verfolgten den Schritt in die Illegalität gegangen und auf die Unterstützung anderer oft wildfremder Menschen angewiesen waren. Das Ehepaar Müller-Hess hatte über ein Jahr lang in Wittekinds Wohnung illegal überlebt, war dann aber aufgeflogen und von der Gestapo verhaftet worden.

In der Datenbank befindet sich auch der Bericht von Adelheid Müller-Hess, den sie nach ihrer Befreiung aus mehreren Lagern nach Kriegsende geschrieben hatte. Wir erfahren darin, dass Hedwig Wittekind die kleine Tochter Hanna mit nach Büdingen genommen hatte.

Büdingen in Oberhessen – das ist der Ort, in dem Hedwig Wittekind ihre Kindheit und Jugend verbachte. Ich wollte nun genauer wissen, was sich damals abgespielt hatte und was Hedwig Wittekind und die kleine Hanna in Büdingen in den Kriegs- und Verfolgungsjahren erlebt hatten. Darüber fand sich in den Berliner Unterlagen nichts.

Es war im Jahr 2012, als ich für meine Recherche nach einer Frankfurter Retterin, der Quäkerin Else Wüst, nach Büdingen fuhr. Den Stadtarchivar hatte ich über meine Forschung informiert und der Name Wittekind war noch im aktuellen Telefonbuch verzeichnet. Durch den Kontakt zu einer Familienangehörigen von Hedwig Wittekind erhoffte ich mir erhellende Informationen. Leider hatte meine Gesprächspartnerin Lilli Wittekind erst in den Nachkriegsjahren in die Familie eingeheiratet und war somit keine wirkliche Zeitzeugin. Sie war zudem sehr zurückhaltend, wenn es um die konfliktreiche Beziehung zwischen Hedwig und ihrem Elternhaus ging. Bei diesem Gespräch weckten einige Aspekte mein Interesse: die problematische Vater-Tochter-Beziehung, Fotos aus einem Familienalbum, dazu eine Büste auf dem Kaminsims und kleinere Plastiken der Künstlerin; darüber hinaus Hinweise auf die Bekanntschaft mit der berühmten Bildhauerin Käthe Kollwitz in Berlin und auf den Lebensstil von Hedwig Wittekind selbst als Bohemienne, der so gar nicht ins Bild eines bürgerlichen Elternhauses in der Kleinstadt zu passen schien.

Leider ergaben sich hieraus keine neuen Erkenntnisse bezüglich der Rettung des kleinen jüdischen Mädchens. Hedwig Wittekind hatte mehr als zwei Jahre lang das dreijährige Kind mit viel Einfühlungsvermögen vor dem Schicksal ihrer Eltern bewahrt. Ein Kinderheim, ganz in der Nähe des elterlichen Hauses in Büdingen, hatte offenbar auch eine Rolle bei der Rettung des Kindes gespielt.

Bei meinem Besuch in Büdingen ging der Stadtarchivar Peter Zinnkann den schriftlichen Einträgen aus alten Einwohnermeldeunterlagen nach, fand Hedwigs Todesanzeige aus dem Jahr 1949 und ein Bild des einstigen Kinderheimes. Doch die Suche stockte. Es fand sich kein Eintrag zu einem Kind.

Mein Schreiben an eine Landesbehörde in Berlin, in dem ich nach den Entschädigungsunterlagen des Ehepaares suchte, führte auch nicht weiter. Kurz und knapp kam die Antwort zurück: aus Datenschutzgründen könnten sie keine Auskunft geben.

Ich fasste mit diesen wirklich spärlichen Erkenntnissen eine kleine Rettungsgeschichte zusammen und stellte sie auf meiner Website *www.rettungs-widerstand-frankfurt.de* ins Netz. Erst jetzt kam es zu einem neuen Anlauf.

Die Großnichte von Hedwig Wittekind wandte sich an mich, als sie auf der Suche nach Verwandten, die von den Nationalsozialisten verfolgt wurden, diese Geschichte im Internet fand. Kathi Hartwig schickte mir Dutzende Fotos, übertrug Briefauszüge aus den vierziger Jahren, suchte nach weiteren Verwandten und gab den wichtigen Hinweis auf einen achtseitigen Bericht, in dem über die Rettung des Kindes Genaueres hinterlassen worden war. Dieses Schriftstück sollte sich in einem Karton in einer Garage in der Schweiz befinden. Leider verlief auch diese Spur im Sand.

Erst meine breit angelegte Suche nach Eltern und Geschwistern von Hedwig Wittekind führte endlich zu einem wahren Zufallsfund. Es waren die von der Familie mehrfach erwähnten Erinnerungen – nach Kriegsende verfasst –, in denen Hedwig Wittekind von ihren Kontakten zu einer Widerstandsgruppe berichtet und die Rettung des ihr anvertrauten Schützlings beschreibt. Diese Erinnerungen befanden sich in den Entnazifizierungs-Akten ihres Vaters Dr. Heinrich Wittekind sowie des Bruders Albrecht im Hessischen Hauptstaatsarchiv Wiesbaden. Mit diesem Bericht trug Hedwig Wittekind zur Entlastung ihrer Familie bei.

Dass ich aus einer kleinen «Fallgeschichte» ein Porträt der Künstlerin Hedwig Wittekind entwickeln konnte, ist vor allem der Großnichte Kathi Hartwig durch ihre unermüdliche Suche nach Briefen, Skulpturen und anderen Hinterlassenschaften der Künstlerin zu verdanken. Harald Wittekind hat mit einem Photoalbum, das Hedwig Wittekind vermutlich als Werkverzeichnis anlegte und das ihr intensives Schaffen bezeugt, einen Beitrag für die kunsthistorische Forschung geliefert. Auch ihm sei herzlich gedankt. Bleibt zu hoffen, dass die Kunstwissenschaft sich den plastischen Arbeiten Wittekinds bald zuwendet.

Die zahlreichen Fundstücke aus dem Leben Hedwig Wittekinds belegen nicht nur ihre anti-nationalsozialistische Gesinnung, die zur Rettung einer verfolgten jüdischen Familie führte, sondern geben auch Einblicke in eine bürgerliche deutsche Familie während der Zeit des Nationalsozialismus.

Leben im Widerstand und in der Illegalität

Kontaktschmiede: Widerstand formiert sich

Als angehende Künstlerin war die junge Hedwig Wittekind aus der oberhessischen Kleinstadt Büdingen in die offene Metropole Berlin gezogen. Dort arbeitete sie als Bildhauerin, bekam Anregungen, traf gleichgesinnte Freunde und genoss ihre Unabhängigkeit, weit entfernt von der Enge der Familie und dem kleinstädtischen Milieu. Dann aber, in den vierziger Jahren, den Kriegsjahren, ging es auch um existentielle Fragen: Leben hier ohne Bomben, Arbeiten dort in Kriegsgefahr.

So kreisten im Briefwechsel mit ihrem Bruder Albrecht ihre Gedanken um diese Standorte: Berlin *oder* Büdingen. Ein umfangreicher Austausch mit dem jüngeren Bruder gibt Auskunft über ihre Zweifel und ihre Unsicherheit, in Kriegszeiten das Richtige zu tun.

Die Kriegsjahre, die Geldsorgen und schließlich das kleine, ihr anvertraute jüdische Mädchen führten Wittekind dann doch 1943 in ihre Vaterstadt Büdingen zurück. Ihre Entscheidung zu diesem Ortswechsel geschah aus praktischen Gründen. Büdingen schien ihr geeignet als Schutzort für ein untergetauchtes Kind. Als Künstlerin blieb sie immer mit Berlin verbunden.

Wie kam es dazu, dass Hedwig Wittekind zur Retterin eines kleinen Mädchens wurde und ihre Berliner Wohnung zuerst dem Vater und später auch der Mutter des Kindes überließ? In Berlin hatte sie über ihren alten Freund Franz Streit die Eltern kennen gelernt, die sich über eine Bekannte der Widerstandsorganisation Saefkow-Jacob-Bästlein angeschlossen hatten. Adelheid und Werner Müller-Hess gehörten bis zum Beginn ihres Lebens in der Illegalität, Ende Februar 1943, zu einer Gruppe von jüdischen Zwangsarbeitern und Zwangsarbeiterinnen in Berliner Industriebetrieben.

Adelheid Müller-Hess berichtete nach Kriegsende in ihrer OdF-Akte (Opfer des Faschismus) über ihre Mitarbeit in der Widerstandszelle und erinnerte sich an vier bis sechs Personen, die sich 1943/44 regelmäßig mit dem Zellenleiter Franz trafen, der unter dem Decknamen «Vaga» in der Widerstandsorganisation mitarbeitete. Dazu gehörten auch Hildegard

Neumeier, Gustav Wegener, Hanni Pfeifer, die Freundin von Franz, und weitere Frauen, die sich an der Versorgung mit Lebensmitteln beteiligten.

Zum ersten Mal berichtete Hedwig Wittekind ihrem Bruder im Januar 1943 von einem Wiedersehen mit Vaga. Am 22. Januar 1943 antwortete er ihr: *«Wie ist es denn übrigens dem Vaga, dem Untier, gelungen, Dich wieder ausfindig zu machen? Da hilft er also, Granaten gegen seine Weltanschauung schießen? Komisch, diese Welt!»* [1]

Diese Erwähnung deutet darauf hin, dass auch Bruder Albrecht den Vaga, also Franz Streit, gekannt haben muss. Das Verhältnis zwischen dem jüngeren Bruder und der großen Schwester war schon seit zwei Jahren sehr persönlich und offen geworden, deshalb hatte sie ihn wohl jetzt auch über das plötzliche Auftauchen von Vaga informiert. Allerdings konnte Hedwig ihm nur mündlich den wahren Grund des Wiedersehens nennen, was während der Ostertage 1943 in Büdingen geschah.

Hedwig Wittekind und Franz Streit verband eine alte Freundschaft, die nach 25 Jahren beim ersten Treffen im Spätherbst 1942 auflebte. In ihrer Erinnerung an dieses Wiedersehen hinterließ Hedwig: *«Ich ging erfreut auf die Verabredung in seiner Wohnung ein, denn er war ein Mensch besonderer Art, und eine Begegnung mit ihm war immer eine Erfrischung für mich. Er war ein seltenes Exemplar. Früher Vagabund, dann Arbeiter, und im Privatleben Radiobastler. Wir nannten ihn Vaga, eigentlich hieß er Franz Streit. Er war etwas magerer geworden, die Stirn von Runzeln durchfurcht, wie er da unter der Lampe saß, auf seine Bastelei gebeugt. Mit unendlicher Liebe behandelte er seine Apparate und baute gerade an einem winzigen Gerät mit großer Geschicklichkeit und Sachkenntnis. Er war etwas gealtert, nur seine blauen Augen unter den rötlichen buschigen Brauen waren noch dieselben. Das Licht fiel auf sein langes schütteres Haar, … es schimmerte wie rötliches Gold.»* [2]

Diesem Hinweis auf den Vagabunden muss näher nachgegangen werden. Streit selbst äußerte, dass er nach der Revolution 1918 bis zum Jahre 1934 gelegentlich gearbeitet habe und ansonsten seinen Lebensunterhalt durch Betteln bestritt. Wenn also Hedwig ihn als «Vaga» beschreibt, könnte nicht nur sein Lebensstil, sondern auch seine Nähe zu einer in den zwanziger Jahren des vorigen Jahrhunderts gebildeten losen politischen

Organisation der Obdachlosen gemeint sein, die damals «Vagabunden», mitunter auch «Kunden» oder «Tippelbrüder» hießen. Sie gründeten eine «Bruderschaft der Vagabunden», einen Verlag und eine Zeitschrift. 1929 hielt die Bruderschaft in Stuttgart ein Vagabundentreffen ab. Die Reden, die dort gehalten wurden, waren voll von revolutionärem Pathos. Die Vagabunden fühlten sich als Teil des Weltproletariats und sympathisierten mit der jungen Sowjetunion. Gregor Gog, der die Vagabunden organisierte, kam von einer längeren Reise in die Sowjetunion *«als ganz und gar überzeugter Parteikommunist»* zurück. [3]

Im Umfeld der Bruderschaft gab es Künstlerinnen und Künstler, deren Lebensstil die Boheme war. Es mag sein, dass Hedwig Wittekind und Franz Streit sich in diesem Milieu kennen gelernt hatten.

In seiner «Nazi-Justizakte» protokollierte ein NS-Beamter zu seinem Vagabundenleben, dass er wegen Bettelei bereits mehrmals vorbestraft war. In seinen Lebenslauf nahm er auf, dass Streit mit 14 Jahren – im letzten Jahr der Volksschule – wegen erfrorener Zehen beide Füße amputiert und Prothesen angepasst wurden. Mit diesem körperlichen Handicap blieb ihm bei Kriegsbeginn die Wehrmacht erspart, da er als Soldat «nzv» eingestuft wurde = nicht zu verwenden.

Zudem gibt es Anmerkungen zu einer Ausbildung im Sattlergewerbe, einer gescheiterten Ehe und schließlich doch seit 1936 einigen geordneten Beschäftigungsverhältnissen, die er mit Löter, Maschinenarbeiter und schließlich Rundfunkmechaniker angab. [4]

An Radios zu basteln und sie funktionstüchtig den Besitzern zurückzugeben, entwickelte sich schließlich zu seiner Leidenschaft. Die simple Konstruktion der ersten Radioversion mit Drähten und Röhren machte eine Reparatur einfach.

Für die Nationalsozialisten wurde der daraus entwickelte Volksempfänger das perfekte Medium, um die Hörer auf ihre Ziele einzuschwören, zumindest ein ideales Mittel, ihre Ideen mit Gebrüll und Lüge unters Volk zu tragen. Während die «Volksgenossen» ihr Ohr an den Lautsprecher hängten, um den Reden des Führers zu lauschen, brachte es den Skeptikern und Anti-Nazis die wahre Kriegslage ins Haus. Während des Krieges berichtete u.a. «Radio London», eine Sendung der Engländer in deutscher Sprache, all denen, die es wissen wollten, über den wahren Frontverlauf. Mit anderen Worten: für jedwede illegale Aktivität wäre der Bau einer Sendeanlage ein großer Schritt, der in seiner Reichweite über jedes Flugblatt hinausgehen würde.

Franz Streit wurde im Herbst des Jahres 1942 für die Widerstandsorganisation geworben. Es brauchte keine lange Überredungskunst und der alte Vagabund war dabei. Die illegale Arbeit der Saefkow-Jacob-Bästlein-Organisation in den Jahren 1942-1944 bestand in erster Linie daraus, die Untergetauchten mit Unterkünften und Lebensmitteln und, soweit möglich, mit gefälschten Papieren zu versorgen, die Widerstandszellen zu vernetzen, Texte für Flugblätter zu entwerfen, diese zu vervielfältigen und an die Arbeiter in den Rüstungs- und Großbetrieben zu verteilen, um eine breite Widerstandsfront zu knüpfen.

Jedem Angeworbenen, der sich der Widerstandsorganisation in den letzten Kriegsjahren anschloss, war das Risiko einer Mitarbeit bewusst. Die gesteckten Ziele wurden erklärt, er oder sie auf Herz und Nieren geprüft, ob man auch unter Lebensgefahr bereit war, den Umsturzversuch zu wagen. Auch wenn nicht jedem anti-nationalsozialistisch eingestellten Deutschen die Gestapo-Methoden in vollem Umfang bekannt waren, die Angst vor einer Vorladung und einem Verhör war längst verinnerlicht.

Franz Streit kannte Hildegard Neumeier aus den Jahren um 1933, als er – gerade arbeitslos – oft in «Neumeiers Milchbar» in der Rankestraße 27/Ecke Augsburgerstraße vorbeikam. Doch nachdem Streit 1936 wieder Arbeit gefunden hatte, verlor man sich aus den Augen. Aber nun, 1942, erinnerte sich Hildegard Neumeier an ihre Gespräche, die auch das Politische nicht außen vorließen und beide verbanden. Zur Zusammenarbeit von Streit und Neumeier ist nicht nur ihre Prozessakte im Bundesarchiv Berlin erhalten, es gibt auch eine frühe Arbeit zum Widerstand in Mecklenburg, damals Neubrandenburg, von Günter Schmeer. Während bei Zeugenaussagen vor NS-Beamten sich die Verhafteten soweit wie möglich zurückhaltend äußerten, geht die Veröffentlichung von Günter Schmeer aus dem Jahre 1974 ins Detail. Franz Streits aktive und jahrelange Mitarbeit als Kommunist wird erläutert, und Schmeer hebt sein Wirken als *«von besonderer Bedeutung»* hervor, insbesondere seine Kurierdienste von Berlin in seine Heimatregion Mecklenburg. Dort pflegte er intensive Kontakte zu KPD-Genossen in Demmin, denn dort stand «sein Häuschen» und lebte seine Mutter. Die Mutter wiederum war befreundet mit der Ehefrau des KPD-Genossen Franz Schmidt, in dessen Wohnung Prüfinstrumente und Ersatzteile in Zusammenhang mit Nachrichtenübermittlung per Funk und Radio aufbewahrt wurden. Als Verbindungsglied übergab Streit *«ihnen illegales Material und informierte sie über die Politik der Partei»*. Darüber hinaus fuhr er *«von Demmin aus (...) zu illegalen Zusammenkünften nach Rügen und in verschiedene Orte des heutigen Bezirks Rostock.»* Seine Aufenthalte in Demmin sollen in den Jahren 1943/44 mehrere Wochen gedauert haben. Bemerkenswert ist dabei, dass er auf der Rückfahrt kofferweise Lebensmittel nach Berlin mitnahm und sie in Berlin-Halensee ablieferte. *«Dort hatte in Halensee eine Gruppe Widerstandskämpfer ihr illegales Quartier und wurde durch den Genossen Streit versorgt. Auch die Unterbringung gefährdeter jüdischer Kinder gehörte zu seinen Aufgaben.»* [5]

Zum konspirativen Arbeiten gehörten Decknamen der Widerständler, verschlüsselte Nachrichten und geheime Briefkästen zu deren Übergabe und stetig wechselnde Treffpunkte. Dazu waren riskante Kurierdienste zu übernehmen und kleine Zellen zu organisieren, um die von den Hauptakteuren zugewiesenen Aufgaben zu erledigen. In diesem Fall war es im Berlin Anfang der vierziger Jahre ein «Dreierkopf»: Anton Saefkow mit dem Decknamen «Kurt», Franz Jacob als «Martin» und Bernhard Bästlein als «Lothar». Die Beteiligten wurden unter diesen Decknamen bekannt gemacht, die dem Schutz der konspirativen Arbeit dienten, denn bei Verhaftung und Verhör sollte nur ein Bruchteil der ganzen Widerstandsorganisation auffliegen. Es war eine Vorsichtsmaßnahme, um unter der Folter andere Zellen vor der Enttarnung zu bewahren. Bei einem Gestapo-Verhör dem eingesetzten Druck und der Folter standzuhalten, war eine übermenschliche Anstrengung. Meistens bezog die Gestapo Familienmitglieder in die Drohungen mit ein («Sippenhaft»), und da kam jede noch so gut eingeübte Vorsichtsmaßnahme unabsichtlich ins Wanken.

Das Anliegen der drei führenden Männer Saefkow, Jacob und Bästlein ging über einen rein parteipolitisch orientierten Zusammenschluss hinaus. In der Spätphase des Krieges gelang es ihnen, eine breitgefächerte Gruppe von Widerständigen aus allen gesellschaftlichen Schichten für den Sturz des Hitler-Regimes zu überzeugen. Lehrer und Ärzte, Ingenieure und Künstler, Frauen und sogar die noch in Berlin verbliebenen Juden, die zur Zwangsarbeit in Rüstungsbetrieben eingesetzt waren, nahmen in größerem Umfang daran teil.

Bernhard Bästlein, geb. 1894, aus Hamburg, mehrmals verhaftet, stieß nach seiner Flucht im Januar 1944 aus dem Zuchthaus Berlin-Plötzensee zu Franz Jacob, geb. 1906, ebenfalls gebürtiger Hamburger, der bei einer Verhaftungswelle 1942 nach Berlin geflüchtet war. Beide Widerständler kannten sich aus ihrer Hamburger Zeit. Nur Anton Saefkow, geb. 1903, war gebürtiger Berliner, ebenfalls seit den dreißiger Jahren mehrmals verhaftet. Er begann 1942 mit dem Aufbau eines *«neuen konspirativen Netzes»* und baute seit Oktober 1942 mit dem illegal lebenden Franz Jacob die Widerstandsorganisation in Berlin auf.[6]

Bald war ein Zusammenschluss von 500 Aktiven erreicht, von denen ungefähr die Hälfte der Angeworbenen vor 1933 in der KPD gewesen war. Nicht mehr die politische Herkunft stand im Vordergrund, sondern einzig das Ziel: *«Weg mit Hitler – Schluss mit dem Krieg!»* Unter der zweiten Hälfte der Angeworbenen waren *«zirka 220 (...) parteilos, 30 gehörten sozialdemokratischen Organisationen an – etwa jede vierte war eine Frau»*.[7]

Die politische Erfahrung der drei Hauptakteure war wertvoll, da sie mit einer gewissen Vorsicht herangingen und den politischen Gegner dort bekämpfen wollten, wo sich seine Schwäche zeigte: in einer wachsenden Skepsis zu Kriegsverlauf und politischer Lage. Wenn die KPD-Genossen Gefängnis und Lager überlebt hatten, nutzten sie die gewonnene Freiheit und machten sich bald wieder unsichtbar. Da sie eine neue Verfolgung befürchteten, gingen sie nach ihrer Entlassung aus Lager oder Gefängnis umgehend in die Illegalität und nahmen den Kampf gegen das NS-Regime erneut auf. Zu diesem Zeitpunkt gegen Kriegsende wollte der «Dreierkopf» vor allem propagandistisch in die Großbetriebe und in die Rüstungsindustrie hineinwirken, darüber hinaus Soldaten mittels Flugblätter erreichen, um *«über den tatsächlichen Kriegsverlauf und tagespolitische Ereignisse zu berichten, Informationen über die Rüstung auszuwerten, sowie Sabotageaktionen zu starten.»* [8]

Besonders hervorgehoben wird in der Literatur, dass es den Organisatoren gelang, zahlreiche Frauen für eine Mitarbeit zu gewinnen. Erstaunlich ist dies für die letzten Kriegsjahre nicht. Zumindest die Ehefrauen waren von der Haft ihrer Männer gleichermaßen betroffen und mussten verfolgen, wie diese an der Front in Strafbataillonen «verheizt» wurden oder durch die Schwerstarbeit im Lager umgekommen waren. Frauen hatten die Hauptlast hinter der Front zu tragen und als «Hinterbliebene» ihrer Männer sorgten sie sich um die Zukunft ihrer Kinder. Ihre Söhne wären das künftige Kanonenfutter eines Krieges ohne Ende geworden. Als die Verhaftungswelle im Juni/Juli 1944 anlief, waren unter den 250 Verhafteten 70 Frauen. Drei Frauen wurden (obwohl sie Kinder zu versorgen hatten) zum Tode verurteilt. Geständnisse wurden erpresst und mit den üblichen Gestapo-Methoden erzwungen, Schläge und Folter gehörten auch bei Frauen dazu. Wenn im Verfahren zu den Angeklagten ermittelt wurde, dass sie *«aus eigener politischer Überzeugung, aus eigenem Antrieb, also mit Vorsatz und bewusst gehandelt haben und ‹hochverräterisch› aktiv geworden waren, wurden 1944 in aller Regel Todesurteile gefällt».* [9]

Hildegard Neumeier brachte Franz Streit mit Gustav Wegener, Deckname «Hans», zusammen. Wegener war damals fünfunddreißig Jahre alt, Schriftsetzer in einem größeren Druckereibetrieb und mit seinen drucktechnischen Kenntnissen ein Gewinn für die illegale Arbeit.

Franz Streit wurde in der Widerstandsorganisation Zellenleiter in Berlin-Mitte. Bei den illegalen Treffen außerhalb Berlins, in Schönow/Brandenburg, lernte er in der Wohnung der Schneiderin Gertrud Temlitz andere Aktive kennen, darunter Elli Voigt, die im Kabelwerk Schönow arbeitete, einem der Großbetriebe im Nordosten von Berlin, in denen viele Zwangsarbeiter eingesetzt waren. Eingebunden war zu diesem Zeitpunkt bereits der erwähnte Gustav Wegener, der in Kontakt zu den drei Führungsmännern stand, in diesem Fall zu Franz Jacob. Zur Widerstandszelle von Streit in Berlin-Mitte gehörte Hildegard Neumeier, die den Kontakt hergestellt hatte. Streit und Wegener waren allein durch ihre technischen Kenntnisse immens wichtig. Wegener, der Schriftsetzer, beschaffte die Materialien zum Bau eines Vervielfältigungsapparats, und von Franz Streit erhoffte man sich – mit seiner Leidenschaft an Radios zu basteln –, einen Kurzwellensender bauen zu können. Ein Mitbringsel von ihm bestand aus einer Schreibmaschine, die ihm die «getauchte» Jüdin Adelheid Müller-Hess übergeben hatte, die sich wiederum über die Bekanntschaft mit Hildegard Neumeier an der Widerstandsarbeit aktiv beteiligte.

Da die Gefahr wuchs und immer mehr Juden in die Illegalität «untertauchten», suchte Franz Streit Helfer, die ihm für seine Schützlinge, die Müllers, Lebensmittel und Kleidung besorgten. Vorsorglich suchte er nach Schlafplätzen und wie sich später herausstellen sollte, begannen seine Überlegungen dazu gerade noch rechtzeitig. Für die Familie Müller-Hess sagte ihm Hedwig Wittekind ihr Zimmer als ersten Unterschlupf zu. Ende Februar 1943 war es dann so weit, dass Werner Müller-Hess vor Hedwigs Wohnungstür in der Taunusstrasse 4 in Berlin stand und damit untergetaucht war; später kamen seine Ehefrau Adelheid und mit ihr die dreijährige Tochter Hanna dazu.

Nach der Niederlage der Wehrmacht in Stalingrad im Februar 1943 kippte die Stimmung in der Bevölkerung, und immer mehr hofften auf ein baldiges Ende des Krieges. Tag für Tag füllten Todesanzeige neben Todesanzeige die Zeitungsblätter, Skepsis und Ablehnung wuchsen. Das änderte nichts an der Unsicherheit, wem gegenüber man sich offen zu Krieg und politischer Lage äußern konnte. Für den illegalen Widerstand lauerten die Gefahren weiterhin überall – bis zu allerletzt. Denunzianten und Spitzel verrieten der Gestapo jede nur kleinste anti-nazistische Äußerung. Trotz aller Vorsichtsmaßnahmen passierte genau das. Ein ehemaliger KPD-Funktionär, Ernst Rambow, hatte sich der Gestapo als Spitzel zur Verfügung gestellt. Die ganze Tragik für die Widerstandsorganisation lag darin, dass er ausgerechnet aufgrund seiner KPD-Zugehörigkeit vor 1933 von Anton Saefkow als vertrauenswürdig angesehen wurde. Daher verfolgte die Gestapo seit Januar 1944 die Aktivitäten der Widerständler und wartete nur noch auf einen günstigen Zeitpunkt für den Zugriff.

Die offiziellen Mieter im Jahr 1943 in der Taunusstrasse 4, IV. Stock waren Hedwig Wittekind (Aufnahme 1935) und ihre Untermieterin Ilse Cornell (Datum unbekannt).

Die Untergetauchten in der Taunusstrasse im Jahr 1943: Adelheid Müller-Hess (Aufnahme 1945) und Werner Gerhard Müller (Aufnahme 1939). Ausschnitt aus seiner Kennkarte mit dem Zusatznamen «Israel», der ihn als Juden kennzeichnet.

«Allein im Juli 1944 fielen 114 Männer und Frauen der Verhaftungswelle zum Opfer, im August und September weitere 103, die übrigen Festnahmen erstreckten sich bis ins Jahr 1945.» [10]

Adelheid Müller-Hess hatte bereits einige Tage zuvor von den zunehmenden Verhaftungen gehört, denn Hildegard Neumeier war nicht mehr zu der mit ihr verabredeten Uhrzeit erschienen, sodass sie von einem Zwischenfall ausgehen musste. Neumeier war – wie sich später zeigen wird – bereits am 17. Juli 1944 verhaftet worden. Für die noch ausstehende Inhaftnahme von Streit, der sich in Demmin aufhielt, hatten Gestapo-Beamte vor Wittekinds Haustür Posten bezogen. Als Franz Streit am 20. Juli 1944 das Haus Taunusstraße 4 betrat, schlugen die Beamten zu. Um 12.30 Uhr wurden er und die beiden untergetauchten Werner und Adelheid Müller-Hess verhaftet und die Gruppe getrennt abgeführt. Streit wurde in das Untersuchungsgefängnis beim Kriminalgericht gebracht und die Müllers in das Sammellager am Alexanderplatz, das Lager für Berliner Juden. Was wäre gewesen, wenn Franz Streit einen Tag später nach Berlin zurückgekehrt wäre? Hätten die Gestapo-Beamten noch vor der Tür gestanden oder wären sie längst zur Verhaftung der Unterstützer des Attentats auf Hitler vom 20. Juli 1944 abgezogen worden? Die Bombe des Attentäters Claus Schenk Graf von Stauffenberg zündete um 12.42 Uhr, und die Nachricht darüber – fälschlicherweise als gelungen, kurz darauf als gescheitert verkündet – verbreitete sich in Windeseile. Die ersten Hinrichtungen erfolgten am nächsten Tag im Berliner Bendlerblock.

Das war vermutlich einer der Gründe, warum die Anklageschrift gegen Neumeier und Streit erst am 4. November 1944 vorlag. Zu Beginn gemeinsam angeklagt, wurde das Verfahren gegen Hildegard Neumeier später abgetrennt. Franz Streit wurde des Hochverrats beschuldigt und dabei zwei Punkte in seiner Anklageschrift besonders hervorgehoben: Er habe noch *«im 5. Kriegsjahr einen Volksgenossen umstürzlerischen kommunistischen Kreisen zugeführt, auch sonst hochverräterische Bestrebungen unterstützt. Als Kriegshelfer unserer Feinde ist er für immer ehrlos. Er wird mit dem Tode bestraft.»* [11]

Bei dem «Volksgenossen» handelte sich um Gerhard Zeidler, einen Arbeitskameraden, den Streit aus gemeinsamer Tätigkeit bei der Fa. G. Kromschröder AG in Berlin-Charlottenburg kannte. Seit 1937 arbeitete Zeidler in den Askania-Werken Mariendorf, einem in der NS-Zeit mit Rüstungsproduktion befassten Großbetrieb. Da Streit selbst 1943 in einem Kleinbetrieb mit zwei Angestellten tätig war und sich damit der Aufbau einer Zelle dort erübrigte, war die Kontaktaufnahme zu Zeidler vielversprechend.

Zeidler konnte bald in diesem Großbetrieb mit anderen Widerständlern eine illegale Betriebszelle aufbauen. Zu seinen Sabotagemaßnahmen gehörte es beispielsweise, *«Diamantenpulver in den zentralen Ölkanister (einzufüllen), wodurch Drehbänke lahmgelegt wurden».* [12] Da Gerhard Zeidler im November 1943 zur Wehrmacht einberufen wurde und in Frankreich eingesetzt war, entkam er der Verhaftungswelle in Berlin im Sommer 1944. Durch seine später erfolgte Verhaftung und Überführung aus Frankreich in ein Wehrmachtsuntersuchungsgefängnis wurden seine Ermittlungsakten erst spät an den Volksgerichtshof übersandt. Aus der Berliner Untersuchungshaft wurde er gegen Ende des Krieges in eine Wehrmachtseinheit gesteckt und konnte deswegen doch noch zur Roten Armee überlaufen. Zeidler gehört zu den Überlebenden der Widerstandsorganisation.

Zu der Anwerbung von Zeidler kam für Streit im Prozess belastend hinzu, dass er durch den Kontakt zu Gustav Wegener als Zellenleiter fungierte. Die Anklage warf ihm vor: *«Mit ihm hat sich der Angeklagte eingelassen, von ihm wurde er eingehend über Zweck und Ziel dieser illegalen komm. Organisation ins Bild gesetzt. Ihm waren ihre Arbeitsmethoden genauestens bekannt. Er wusste insbesondere auch, daß diese Organisation sich im Wesentlichen an die Arbeiter der Berliner Groß- und Rüstungsbetriebe wandte, und daß sie sich um die Herstellung eines Radiogerätes bemühte. … Durch ihn wurde ihr eine Schreibmaschine für ihre illegale Arbeit zur Verfügung gestellt. Und dies Ende 1943, also zu Beginn des fünften Kriegsjahres!»* [13] Hildegard Neumeier, die in ihrem abgetrennten Prozess zur eigenen Rettung ihre Zugehörigkeit herunterspielen konnte, behauptete standhaft, dass sie bei ihren Fahrten nach Schönow – zu den illegalen Treffen – nur nach ihren untergestellten Möbeln sehen wollte. Die von ihr vorgetragene Verteidigung, dass die mit Gertrud Temlitz gemeinsam angemietete Wohnung nur der Sicherung von Hausrat vor zu erwartenden Bombenangriffen galt und ihre Besuche dort nicht mehr als Kontrollgänge waren, wurde nicht angezweifelt. Die fast wie zufällig anwesenden Personen Elli Voigt, Gustav Wegener und Walburga Pechel, die Neumeier bei der Versorgung mit Lebensmitteln für Juden unterstützten, führten zu keiner Belastung eines ihr zu unterstellenden politischen Engagements. Ausschlaggebend bei diesem Prozessverlauf werden aber besonders zwei Punkte gewesen sein. Vorgeladen wurde ihr Schwiegervater Karl Neumeier, der aussagte, dass sich seine Schwiegertochter Hildegard nur um die Familie gekümmert habe und politisch uninteressiert gewesen sei. Zu ihrem Vorteil erwies es sich, dass zu dieser Zeit ihr Ehemann Alfred Neumeier als Obergefreiter bei einer Flak in Oldenburg im Kriegseinsatz stand, sich ihr Sohn als Hitlerjunge und Flakhelfer an der Ostsee aufhielt und die siebenjährige Tochter evakuiert auf dem Land lebte. Die Lebensmittelübergabe von Hildegard Neumeier an Franz Streit sei aus Mitleid erfolgt, weil er ein Krüppel gewesen sei. Dies trug sie gegenüber den Anklägern plausibel vor. Der Ehemann Alfred Neumeier bescheinigte darüber hinaus glaubhaft, dass er früh an seiner Gaststätte das Schild «Juden unerwünscht» angebracht hatte. *«Schon 1920 gehörte ich dem Deutschnationalen Jugendbund, dem Deutsch-Völkischen Schutz- und Trutzbund und der Technischen Nothilfe an. Niemand wird mir deshalb zutrauen, eine Frau geheiratet zu haben, die deutschfeindliche Ideen vertrat.»* [14]

Nachdem die Milchbar des Ehepaares im November 1943 «durch Feindeinwirkung» zerstört wurde, arbeitete Hildegard Neumeier als Vortragskünstlerin. Auch die Lebensmittelübergabe an das Ehepaar Müller-Hess bekam nicht den Stellenwert einer Begünstigung von Feinden. Ebenfalls nicht, dass sie Walburga Pechel ansprach, *«ihr bei der Betreuung des Streit und seines jüdischen Anhangs durch Lieferung von Kleidungsstükken und anderen Sachen behilflich zu sein»*. [15]

Die in der Nachkriegszeit geleistete Aufarbeitung zur Saefkow-Jacob-Bästlein-Organisation bemerkte ähnliche Prozessverläufe bei zahlreichen angeklagten Frauen. Es wurden mehr Freisprüche und Zuchthausstrafen als Todesurteile verkündet, da ihnen das nationalsozialistische Frauenbild *«ein geringeres Maß an politischem Bewusstsein»* unterstellte. Sie konnten sich als verführte, unpolitische und gefühlsbetonte Frauen verteidigen.[16]

Die Untergetauchten

Die Hälfte aller Berliner Juden tauchte vor einer Deportation im Februar 1943 unter. Der 27. Februar wird als Tag der «Fabrikaktion» bezeichnet, eine Maßnahme der Gestapo und Waffen-SS, die noch in Rüstungsbetrieben arbeitenden «Volljuden» abzuziehen und sie in einer letzten Verschleppung aus Berlin in den Osten zu deportieren. Diese Maßnahme für 15.000 Berliner Juden sprach sich rechtzeitig und in Windeseile herum. Tausende entfernten sich von ihren Arbeitsplätzen, kehrten nicht mehr in ihre Wohnungen zurück, trennten den aufgenähten Stern an ihrer Kleidung ab und tauchten unter. Die Zahlen zum «Untertauchen» sind Schätzungen. Sie schwanken für das Gebiet des Deutschen Reichs zwischen 10.000 und 12.000 Verfolgten. Im Verlauf der «Fabrikaktion» sollen es ca. 4.000 Verfolgte gewesen sein, die sich der Deportation Ende Februar entzogen.

Wie viele Verfolgte diese Anstrengungen bewältigten und «überlebten» bleibt bis heute vage. Erst Mitte der fünfziger Jahre meldeten sich nach einem Aufruf des damaligen Berliner Innensenators Joachim Lipschitz 1.500 Helfer und Retter und legten Zeugnis ab über die Verfolgungszeit der von ihnen Beschützten. Lipschitz, der selbst «halbjüdischer» Herkunft war, kannte ihren lebensgefährlichen Einsatz. Durch ihre Unterstützung mit Lebensmitteln und Geldgeschenken gerieten die Retter selbst an die Grenze der finanziellen Belastbarkeit. In den Nachkriegsjahren lebten einige verarmt, ihr Einsatz wurde nicht gewürdigt. Im Rahmen seiner Ehrungsinitiative ließ Lipschitz ihnen nicht nur eine Auszeichnung zukommen, sondern erreichte für einige von ihnen sogar eine finanzielle Anerkennung. Dabei zeigte sich, dass die Helfer und Retter aus allen sozialen Schichten und politischen Richtungen kamen. Es waren Menschen, die sich nicht hatten einschüchtern lassen und mutig gegen Gestapo, NS-Behörden und Denunziantentum aufgestanden waren.

Diese Entscheidung, aus der Wohnung, der Straße und dem Viertel zu verschwinden, wird von den Überlebenden als «Tauchen», als «U-Boot»-Leben oder «In die Illegalität»-Gehen bezeichnet. Einige der Herausforderungen, die sich den Untergetauchten stellten, wurden 2017 in dem Film «Die Unsichtbaren» gezeigt. Schon Jahre vor der szenischen Gestaltung hatte Regisseur Claus Räfle mit Berliner Geretteten über ihr Leben als Unsichtbare gesprochen und deren Erlebnisse in dem anschließenden Filmprojekt durch nachgestellte Spielfilmsequenzen ergänzt. Diese Gespräche gehören zu den letzten Aussagen von damals lebenden Zeitzeugen und sind daher besonders wertvoll. Heute sind wir auf die Rekonstruktion verstreuter Aussagen angewiesen. Das Zentrum für Antisemitismusforschung in Berlin und die Gedenkstätte Deutscher Widerstand haben jedoch bereits vor Jahrzehnten Dokumente gesammelt, Rettungsgeschichten erforscht und in einer Datenbank archiviert. Angesichts Tausender Untergetauchter in Berlin sind mittlerweile zahlreiche Rettungsgeschichten gut dokumentiert. [17]

Eine Gefährdung für die Untergetauchten waren in Berlin die sogenannten «Greifer». Stella Goldschlag war nicht nur wegen ihrer gefärbten Haare als «blondes Gift» gefürchtet, sie konnte an kleinsten Merkmalen einen «getauchten» Juden erkennen. Sie war selbst Jüdin und hatte sich als Spitzel der Gestapo zur Verfügung gestellt, um das Leben ihrer Eltern und später ihr eigenes zu retten. Es soll dreißig jüdische Gestapo-Spitzel gegeben haben, und das erschwerte zusätzlich das Leben in der Illegalität. Adelheid Müller-Hess begegnete dieser Gefahr durch eine gewisse Selbstsicherheit in ihrem Auftreten und wagte sich sogar zum Gelderwerb unter die Menschen. Sie ging mit ihrer kleinen blonden Tochter an der Hand auf Reisen und nutzte die Mutter-Kind-Abteile bei ihren Zugfahrten als zeitweiligen Schutz. [18]

Für gut zwei Jahre hatten die Untergetauchten in Berlin tagtäglich neue Pläne aufzustellen, um ihr Leben zu organisieren. Das taten auch ihre Helfer und Retter. Darüber hinaus mussten sie damit rechnen, dass jeder noch so gut durchdachte Plan von einem auf den anderen Tag hinfällig werden konnte. Mal waren es drei Retter, mal dreißig mutige Hände, die ein einziges Leben in der Illegalität zu schützen halfen. In der Gedenkstätte Deutscher Widerstand hat man überschlagen, dass durchschnittlich sieben Helfer einen Verfolgten im Laufe der Illegalität betreuten.

Um einen Schlafplatz zu bekommen, und sei es nur für eine Nacht, musste man ein gewiefter Lügner sein, denn eine Zimmerwirtin, die nicht die notwendigen Papiere einforderte, konnte mehr als Ärger bekommen. Wer schließlich überzeugend klang, hatte sein Bett, wurde aber spätestens am nächsten Morgen aufgefordert, eine offizielle Registrierung vorzulegen. Damit begann die Suche nach einem Schlafplatz von Neuem. Nächtelanges S-Bahn-Fahren war oft die letzte «Ruhestätte» nach einem anstrengenden Tag. Gartenlauben wurden zu Zufluchtsstätten, Keller und Dachböden als vorübergehende Aufenthalte genutzt. Häufig teilten die Retter außer einem Schlafplatz auch ihre Lebensmittel mit den Verfolgten. Dies alles über einen Zeitraum von mehr als zwei, mitunter drei Jahren zu gewährleisten, gelang nur mit mehreren Helfern.

Gefahren lauerten überall. Was sollte man machen, wenn jemand krank wurde? Arztbesuche waren ein großes Risiko; ein Krankenhaus aufzusuchen, unvorstellbar. Denunzianten, die aus Angst oder aus Überzeugung die Gestapo informierten, fanden sich in jedem Haus und an jeder Straßenecke. Ein knarrendes Parkett oder eine unvorsichtigerweise getätigte Toilettenspülung während der Abwesenheit der Wohnungsinhaber waren verräterisch. Pfeffer wurde gestreut, um Spürhunde zu verwirren, Lebensmittel-Taschen unter Kirchenbänken durchgereicht. Nach den häufigen Bombardierungen 1943/44 konnte man sich als «fliegergeschädigt» bei der Nationalsozialistischen Volkswohlfahrt (NSV) registrieren lassen und ein Ersatzdokument für eine Übergangsfrist erschleichen, denn Lebensmittel wurden nur mit Karten und in Kontingenten ausgegeben.

Jeder Plan musste die körperlichen Kräfte und die psychische Belastbarkeit berücksichtigen, wenn z.B. mögliche Ausweichquartiere spontan aufgesucht werden mussten, um den Verfolgern immer die berühmte Nasenlänge voraus zu sein. Jede Stadt hatte ihre Besonderheiten, auf die die Pläne zugeschnitten werden mussten.

Die große Ausdehnung des Berliner Stadtgebiets erleichterte den Getauchten das Überleben in den weit auseinanderliegenden Stadtvierteln. Als gefährlich, aber unbedingt erstrebenswert galt die Flucht in die neutrale Schweiz. In der Grenzregion gab es altruistische Fluchthelfer, aber auch professionelle Schleuser. In Baden-Württemberg half eine Pfarrhauskette aus Mitgliedern der Bekennenden Kirche verfolgten Berlinern, ebenso wie Helfer-Kreise an der deutsch-schweizerischen Grenze, wie

Luise Meier und Josef Höfler nahe Singen, um hier nur einige Beispiele anzuführen. Jedoch war nur eine winzige Minderheit von Deutschen bereit, die vielen Gefahren im Rettungswiderstand auf sich zu nehmen. Dennoch zeigen die hier nicht vollzählig angeführten Beispiele, dass es mehr Helfer gab als bekannt. [19]

Dank der frühen Initiative des Berliner Innensenators Lipschitz wurden sogar mehrere Helfer-Kreise bekannt: die «Gruppe Emil» um Ruth Andreas-Friedrich, aufgezeichnet von ihr in dem Buch «Der Schattenmann», die «Gemeinschaft für Frieden und Aufbau», über die Eugen Hermann-Friede als Zeitzeuge in seinen Erinnerungen «Für Freudensprünge keine Zeit» und in dem Buch «Abgetaucht» schrieb, sowie Cioma Schönhaus, der als Passfälscher in monatelanger Feinarbeit Dutzende Ausweise «haargenau» auf einen neuen Besitzer zuschnitt. [20]

Mitglieder der Bekennenden Kirche benutzten den Opferstock ihrer Dahlemer Kirchengemeinde zur Weitergabe von Lebensmittelkarten und Dokumenten. Die Quäkerin Elisabeth Abegg sprach von sich aus zwei Frauen an und überredete sie, sich von ihr verstecken zu lassen. Allein in der Saefkow-Jacob-Bästlein Gruppe sollen dreißig Männer und Frauen ihre jüdischen Schützlinge mit Lebensmitteln und Unterkünften versorgt haben. [21]

Die Geretteten

Adelheid und Werner Müller-Hess: als Juden im Widerstand aktiv

Die Familie von Adelheid Müller-Hess stammte aus Hanau. Auf Wunsch ihres Vaters begann Adelheid eine kaufmännische Ausbildung und arbeitete zwei Jahre beim Magistrat der Stadt Hanau. Offensichtlich nicht ganz ihre Berufung, begann sie nach dem Tod des Vaters 1928 ein vierjähriges Studium an der Staatlichen Hochschule für Musik in Köln. Als eine der letzten jüdischen Absolventinnen konnte sie dank der Fürsprache ihrer Professorin Maria Philippi noch im Oktober 1933 ihr Staatsexamen als Sängerin und Gesangspädagogin ablegen. Ein Berufsverbot hatte Adelheid als Hilfslehrkraft bereits am 1. April 1933, dem sogenannten Boykott-Tag, von der Musik-Hochschule, Abteilung für Katholische Kirchenmusik, erhalten. Es war ihr ab sofort verboten, die staatliche Hochschule zu betreten. Auch ohne den Makel des Jüdischen wäre sie entlassen worden, denn als Mitglied der SPD galt sie als «politisch unzuverlässig».

In ihrer Akte als «Opfer des Faschismus» schrieb sie: *«Es folgten nun zwölf Wanderjahre mit allen Unruhen, Schrecknissen und Entsagungen. Mitarbeit an der sozialistischen jüdischen Arbeiterbewegung (Hechaluz) in Trier und Köln. Gastspiele und Tourneen in Luxemburg und in vielen Städten des Rheinlandes an den verschiedenen Jüdischen Kulturbünden.»* [22]

Sehr verkürzt ist diese Schilderung ihrer Wanderjahre bei ihrer ersten Rückmeldung bei den Behörden Berlins noch im Oktober 1945. In ihren im Jahr 1952 gestellten Entschädigungsansprüchen werden die schwierigen Arbeitsverhältnisse deutlicher formuliert. 1934 ging sie als «Haustochter» in einen jüdischen Arzt-Haushalt nach Trier und im Sommer 1935 hatte sie in einem von Emigranten getragenen Freilicht-Theater im luxemburgischen Echternach ein kleines Engagement. Es folgte eine Bürostelle in einer Bonbon-Fabrik, dann arbeitete sie in gleicher Stellung als Bürokraft bei der Jüdischen Gemeinde in Köln. [23]

Parallel zum Broterwerb nahm sie jede Gelegenheit wahr, im Rahmen der Jüdischen Kulturbünde im Rheinland wie später in Berlin, ihrer gesanglichen Ausbildung entsprechend nach Auftritten zu suchen. Das waren kleinere Gesangsvorträge, die im Rahmen von Gedenkfeiern und Begrüßungsabenden in den Jüdischen Gemeindezeitungen angekündigt wurden. Wohlwollende Anerkennung fand sie vom Autor Dr. Martin Friedland in einer Reihe über die jüdischen Musiker Kölns im Jüdischen Gemeindeblatt vom April 1938: *«Eine jung aufstrebende Gesangskraft ist die in letzter Zeit häufiger hervorgetretene Altistin Adelheid Hess, mehrere Jahre Schülerin von Maria Philippi. Ihre wertvollen, reichen und schönen Stimmittel rechtfertigen Zukunftshoffnungen, wenngleich sie zur Zeit noch nicht völlig durchgebildet und diszipliniert sind und ihr gesangstechnisches Vollbringen allgemein noch nicht ganz zureicht. Ein ernsthaftes Weiterstudium dürfte aber auch hier zum erstrebten Ziele führen.»* [24]

Dieses Ziel erreichte sie auch – nur nicht in naher Zukunft. Auch nach ihrem Umzug nach Berlin 1938 und ihrer Heirat mit dem Orchestermusiker Werner Gerhard Müller änderte sich die «unsichere Sache» ihrer Auftritte nicht. Die Gestapo nahm den kleinsten Vorfall zum Anlass, um Konzerte zu verbieten. Nur mit einem geringfügigen Verdienst als Haushaltshilfe hielt sich die kleine Familie über Wasser. Nach der Geburt ihrer Tochter zwei Jahre später kam es zu sporadischen Auftritten, bis der Jüdische Kulturbund in Berlin im August 1941 aufgelöst wurde.

Werner Müller studierte Cello bei Professor Felix Robert Mendelssohn in Berlin. Vor 1933, mit nur 21 Jahren, hatte er bereits als freischaffender Solo-Cellist in Berlin im UFA-Sinfonie-Orchester gespielt, aber im Jahr 1933 Berufsverbot erhalten, weil ihm als Jude eine Mitgliedschaft in der Reichsmusikkammer verwehrt wurde. Ab Oktober 1934 erhielt er im kurz zuvor vom Frankfurter Dirigenten Hans Wilhelm Steinberg gegründeten Kulturbund-Orchester Rhein-Main eine Anstellung als Cellist. Steinberg war seit 1929 Generalmusikdirektor an der Oper Frankfurt und gründete nach seiner Entlassung aus den städtischen Diensten für das Gebiet Rhein-Main ein Frankfurter Berufsorchester. Seit 1933 wurde damit für die ausgeschlossenen Musiker im Rahmen des Kulturbund Deutscher Juden eine erneute Beschäftigung ermöglicht. In Frankfurt konnten nach dem Konzertdebüt im Mai 1934 bald Musiker aus anderen Städten eine Anstellung erhalten, u.a. auch Werner Gerhard Müller. Das Frankfurter Kulturbund-Orchester finanzierte sich durch die Frankfurter Israelitische

Gemeinde, großzügige Spenden und Mitgliedsbeiträge. In Teilensembles ging man auf Konzertreisen ins Rheinland und ins Ruhrgebiet. [25]

Sein Kollege, der Violinist Ernst Drucker, und sogar sein Cello-Professor Felix Robert Mendelssohn gehörten zu einem «Kulturbundquartett», das zu Konzerten in andere Städte reiste. An Ernst Drucker schrieb 1956 Adelheid Müller-Hess, der ihr gerne bestätigte, dass ihr Ehemann seit dieser Zeit mit ihm konzertiert hatte und darüber hinaus ab April 1938 mit ihm gemeinsam an das Berliner Kulturbund-Orchester gewechselt war. [26]

Eigenartigerweise war er dort als Posaunist engagiert, aber was heute eigenartig klingt, war der Not geschuldet. Die fortgesetzte Emigration einzelner Musiker machte es erforderlich, dass ihre Musikerkollegen für die nun vakante Position einsprangen. Offenbar war Werner Gerhard Müller auch an der Posaune ausgebildet. Während Ernst Drucker im September 1938 in die USA emigrierte, war der Cellist und Posaunist bis zur Auflösung des Jüdischen Kulturbundes im August 1941 in Berlin engagiert. Die nächsten anderthalb Jahre musste Werner Gerhard Müller Zwangsarbeit in der Gummiwarenfabrik Fromms'Act in Berlin-Köpenick leisten.

Auch Adelheid musste als Zwangsarbeiterin in der Fabrik der Deutschen Telefon- und Kabelwerke schuften. Allerdings gab es für sie eine Schonfrist bis zum Geburtstag Hannas im Mai 1942. Und wer betreute anschließend das zweijährige Kind? Um halb sechs Uhr in der Früh mussten die Eheleute das Haus verlassen und ihre Tochter blieb allein zurück. Erst drei Stunden später brachte eine alte Frau das Mädchen in den jüdischen Kindergarten. [27]

Über ihre Teilnahme an der illegalen Widerstandsarbeit von 1942-1944 und ihre Zusammenarbeit in der Widerstandszelle mit Franz Streit und Gustav Wegener schreibt sie wie folgt: *«Ende 1942 lernten wir durch die Genossin Hilde Neumeyer* [richtig: Neumeier, P.B.] *den Genossen Franz Streit* [genannt ‹Fraga›, richtig: ‹Vaga›, P.B.] *kennen. Die Bekanntschaft führte bald zu einer Freundschaft. Es gab stundenlange politische Diskussionen. Dem Kreis gesellte sich auch die Bildhauerin Hedwig Wittekind (früher: Friedenau, Taunusstr. 4) zu. F. Streit und H. Wittekind erklärten sich bereit,*

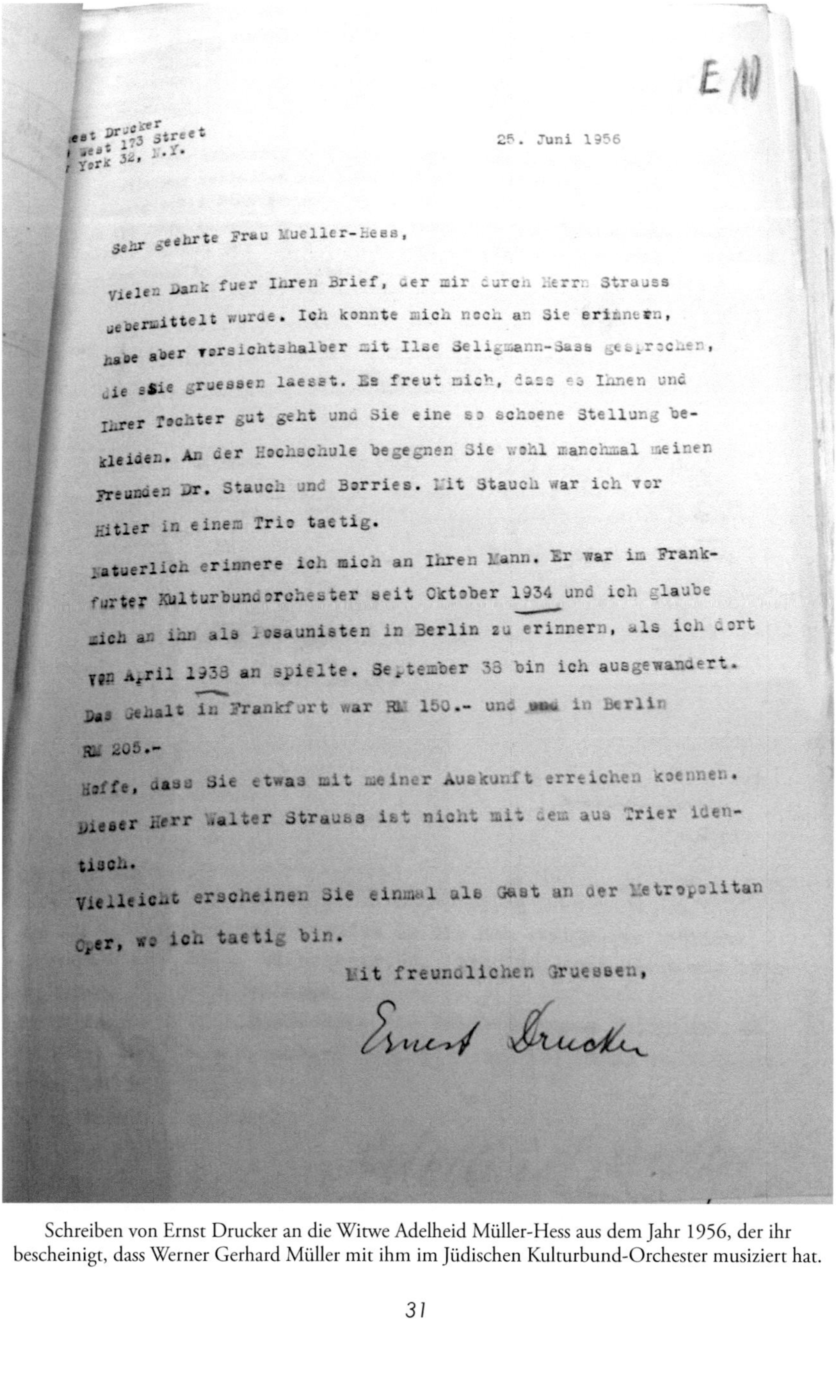

est Drucker
West 173 Street
York 32, N.Y.

25. Juni 1956

Sehr geehrte Frau Mueller-Hess,

Vielen Dank fuer Ihren Brief, der mir durch Herrn Strauss uebermittelt wurde. Ich konnte mich noch an Sie erinnern, habe aber vorsichtshalber mit Ilse Seligmann-Sass gesprochen, die Sie gruessen laesst. Es freut mich, dass es Ihnen und Ihrer Tochter gut geht und Sie eine so schoene Stellung bekleiden. An der Hochschule begegnen Sie wohl manchmal meinen Freunden Dr. Stauch und Borries. Mit Stauch war ich vor Hitler in einem Trio taetig.

Natuerlich erinnere ich mich an Ihren Mann. Er war im Frankfurter Kulturbundorchester seit Oktober 1934 und ich glaube mich an ihn als Posaunisten in Berlin zu erinnern, als ich dort von April 1938 an spielte. September 38 bin ich ausgewandert. Das Gehalt in Frankfurt war RM 150.- und in Berlin RM 205.-

Hoffe, dass Sie etwas mit meiner Auskunft erreichen koennen. Dieser Herr Walter Strauss ist nicht mit dem aus Trier identisch.

Vielleicht erscheinen Sie einmal als Gast an der Metropolitan Oper, wo ich taetig bin.

Mit freundlichen Gruessen,

Ernst Drucker

Schreiben von Ernst Drucker an die Witwe Adelheid Müller-Hess aus dem Jahr 1956, der ihr bescheinigt, dass Werner Gerhard Müller mit ihm im Jüdischen Kulturbund-Orchester musiziert hat.

eine eventuelle Illegalität zu unterstützen mit allen ihnen zur Verfügung stehenden Mitteln und Kräften. Am Tag der von der SS durchgeführten sogenannten Fabrik-Aktion, am 27. Febr. 1943 traten mein Mann, mein Kind und ich in die Illegalität. Mein Mann fand eine Schlafstelle bei Franz Streit und hielt sich tagsüber im Atelier der H. Wittekind auf. Ich begab mich mit meinem noch nicht 3jährigen Töchterchen mit falschen Papieren auf eine achtwöchige Reise durch Mittel- u. Westdeutschland. Im Mai kehrte ich mit dem Kind nach Berlin zurück. Die Schwierigkeiten, das nackte Leben zu fristen, Unterkommen zu finden und sich vor den immer heftiger werdenden Bomben-Angriffen zu schützen, wurden von Tag zu Tag schwerer. Nur durch die größte Opferbereitschaft der befreundeten Genossen und antifaschistischer Freunde konnten wir uns halten. Inzwischen hatte Franz Streit einen kleinen Kreis von Genossen zu politischer Arbeit aktiviert. An einem bestimmten Wochentage kamen wir in Gruppen von 4-6 Personen an verschiedenen Treffpunkten zusammen. Ich stellte meine Schreibmaschine zur Verfügung, es wurden Flugblätter entworfen, das Verbreiten derselben wurde eingeteilt, es wurden Aktionen für illegal lebende Genossen eingeleitet, man besprach die Zersetzung in den Betrieben und Fabriken. Soweit Material vorhanden war, versuchte man politische Schulung. … Mit den beiden erst genannten Streit und Wegener standen mein Mann und ich in engerer polit. Zusammenarbeit. Es fanden zwischen uns in kleinstem Kreis (4-6 Pers.) wöchentl. Schulungsabende statt, an denen auch praktische Arbeit geleistet wurde (Entwurf von Flugblättern, Schreiben und Verteilen derselben, Unterstützung illegal lebender Genossen u.a.).» [28]

Adelheid Müller-Hess verhielt sich in den Jahren der Verfolgung immer unerschrocken, schilderte Hedwig Wittekind. Wenn sie denn Angst gehabt haben sollte – und davon ist auszugehen –, ließ sie sich das nicht anmerken. Sie hatte eine natürliche und positive Ausstrahlung, die ihr viele Schritte, sogar in der Illegalität, erleichterten. Ihr Mann hatte es dagegen schwerer. Er war Anfang dreißig, also ein Mann in wehrfähigem Alter, der geradezu Kontrollen auf sich zog, wenn er sich vor die Haustür begab. Eventuell gefälschte Papiere hätten ein felsenfestes Alibi nachweisen müssen, d.h. er wäre entweder ein Soldat auf Heimaturlaub gewesen oder krankheitsbedingt vom Fronteinsatz befreit. An ein derartiges Dokument war kaum heranzukommen.

Von seinem ganzen Wesen her besaß aber Werner Müller auch nicht das sichere Auftreten, das nötig gewesen wäre, um sich illegal durchzuschlagen. Er war zurückhaltend, freundlich, dankbar, leise, bescheiden und still ergeben in sein Schicksal. Schon bei der ersten Begegnung mit Wittekind *«spürte man im Ganzen eine Harmonie, wie sie bei wesensverwandten Menschen immer von der ersten Begegnung da ist …»*, hinterließ sie in ihren Erinnerungen. Sie sahen sich beide als Künstler.

Ganz anders Adelheid. Sie verließ das Haus, gab Musikunterricht, arbeitete als Modell in Kunstschulen und reiste in den ersten Frühlingsmonaten 1943 zu Bekannten nach Köln und von dort nach Wiesbaden, wo ihre Mutter vor ihrer Deportation am 1. September 1942 bei ihrem Bruder gelebt hatte. Von hier aus verabredete sie sich mit Hedwig Wittekind am Frankfurter Hauptbahnhof und fuhr mit ihr nach Büdingen. Mehrere Wochen verbrachten die beiden Frauen und das Kind dort in angenehmer Atmosphäre. Es war fast eine unbeschwerte Zeit, die auf kein Ende zuzusteuern schien, wenn da nicht Hedwigs Bruder Albrecht plötzlich aufgetaucht wäre. Bei einem überraschenden Besuch in Hedwigs Wohnung traf er auf ihr «Zigeunerlager» und das schlafende Kind. Eindringlich forderte er die Frauen auf, aus Büdingen wegzugehen. Hedwig Wittekind beschreibt diese Zeit mit Adelheid Müller-Hess und ihrer Tochter in ihrem Erlebnisbericht ausführlich. Und sie schildert auch, warum Untertauchen in der Kleinstadt für verfolgte Menschen gefährlich werden kann. Schließlich veranlassen die Einwände des Bruders die beiden Frauen nach Berlin zurückzukehren.

In Berlin begannen im vergrößerten Kreis intensive Diskussionen und die Suche nach neuen Wegen für ein «untergetauchtes» Leben. Schließlich kam es zu der Entscheidung, dass Hedwig mit dem kleinen Mädchen nach Büdingen zurückfahren und das Ehepaar in ihrer Wohnung bleiben sollte. Die Vorbereitungen zogen sich bis in den Monat August 1943 hin.

Franz Streit lebte 1942/43 zur Untermiete in Berlin-Halensee in der Karlsruherstraße 12. Den Wohnungsbesitzer lernte Hedwig als den

«Zausel» kennen, sein wirklicher Name, Venohe, blieb ihr unbekannt. Er war ein gemütlicher Zeitgenosse, schon älter und ursprünglich aus dem Rheinland stammend, hatte es ihn nach Berlin verschlagen. Im Kriegsjahr 1943 war er bereit, auch Werner Müller einen Schlafplatz zu geben. Streit sagte ihm, dass Müller ausgebombt sei und nur zum Schlafen käme, da er tagsüber seiner Arbeit nachginge. Dieser Plan wurde durch einen Bombenabwurf zerstört. Am 22. November 1943 wurde das Haus in der Karlsruher Straße getroffen. Franz Streit brauchte eine neue Bleibe. Was lag da näher als in die Wohnung von Wittekind zu ziehen, da sie doch seit August 1943 als Evakuierte in Büdingen lebte. Durch eine Anmeldung beim Wohnungsamt für die Taunusstrasse 4 bekam Streit nun eine offizielle Anschrift, um die erforderliche Lebensmittelkarte zu beantragen. Die illegalen Müllers waren bislang bei den zahlreichen Besuchern und der offiziellen Untermieterin in der Wohnung Wittekind offenbar nicht aufgefallen. Als offizieller Mieter konnte Streit bei Nachfragen des Hausmeisters und der Mitbewohner Zweifel zerstreuen, denn nach der vorübergehenden Abmeldung von Wittekind nach Büdingen galt ihr Zimmer als unbewohnt. Da Wohnungen nach den häufigen Fliegerangriffen stark nachgefragt waren, galt ein weiterer offizieller Untermieter als sicheres Arrangement. Auch Ilse Cornell, die zahlende und häufig abwesende Untermieterin, störte sich nicht an dem nachbarschaftlichen Personenkarussell im vierten Stock, wie Hedwig Wittekind in ihrem Erlebnisbericht schreibt.

Im Verhör vor dem NS-Beamten stellte Franz Streit seine Wohnsituation folgendermaßen dar: *«Anschliessend wohnte ich dann in Berlin-Grunewald im Büro unserer Firma. Da ich nun eine feste Wohnung haben musste, um Lebensmittelkarten zu haben, wurde ich vom Quartieramt nach Berlin-Friedenau, Taunusstr. 4, b. Widdekind eingewiesen. Die Wohnung gehört einem Fräulein Widdekind und ich habe von der Wohnung ein Zimmer gemietet. Fräulein Widdekind ist selbst nicht in Berlin, sie ist evakuiert. Als ich das Zimmer bezog, war die Frau Müller schon dort wohnhaft. Wie ich von Frau Müller erfuhr, ist sie ebenfalls vom Quartieramt eingewiesen worden. Den Ehemann habe ich nur einmal dort gesehen. … Ich wusste vorher nicht, dass es sich bei dem Ehepaar um Juden handelt.»* [29]

In seiner Aussage versuchte Franz Streit den Namen Wittekind leicht zu verfälschen und die jüdische Herkunft der Müllers – mit ihrem tausendfach vorkommenden Nachnamen – als ihm unbekannt von sich zu weisen. In diesem halben Jahr bis zu seiner Verhaftung war er ganz offensichtlich nur sporadisch in der Wohnung anwesend, nach der Ausbombung lebte er vermutlich sogar illegal. Zwar gab er eine Tätigkeit bei der Firma Mix & Genest an, andererseits soll er sich mehrere Wochen in Demmin aufgehalten haben und für die Widerstandsarbeit eingespannt gewesen sein. Die Gestapo hatte sich zwar längst an seine Fersen geheftet, konnte jedoch offenbar die Zeiten seiner Rückkehr nicht einschätzen. Wie hätte da Adelheid Müller ihn bei all den konspirativen Reisen rechtzeitig warnen können? Von ihrem Fenster aus verfolgte sie die Geschehnisse auf der Straße, musste jedoch zwangsläufig den Dingen ihren Lauf lassen. *«Wir hatten bereits einige Wochen vor unserer Verhaftung schon gehört, daß einige Zellen der illegalen KPD ‹geplatzt› und mehrere Genossen in Haft genommen waren. Bereits am 19. Juli 1944 wurden wir durch die Gestapo beobachtet, die scheinbar den Termin abwarten wollte, Franz Streit hier in Berlin zu fassen.»* [30]

Kurz vor seiner Rückkehr aus Demmin nach Berlin am 20. Juli schrieb Franz noch eine Postkarte an Hedwig. Der Stempel ist schwer zu entziffern, aber da es von ihm einen Hinweis auf die anstehenden Sommermonate in Büdingen gab, hat er die Karte offensichtlich kurz vor seiner Rückkehr in den Kasten geworfen.

«Liebe Hedwig,
Dank für Deinen Brief! Du weißt selbst, es ist jetzt nicht die Zeit viel zu schreiben. Wir leben noch. - Das Photo ist der Blick vom Dachfenster meines Häuschens. Die Aufnahme habe ich vor 10 Jahren gemacht, seitdem ist alles mächtig gewachsen. - Es ist gut, daß Du den Sommer in B. bleibst.
Herzliche Grüße Franz»

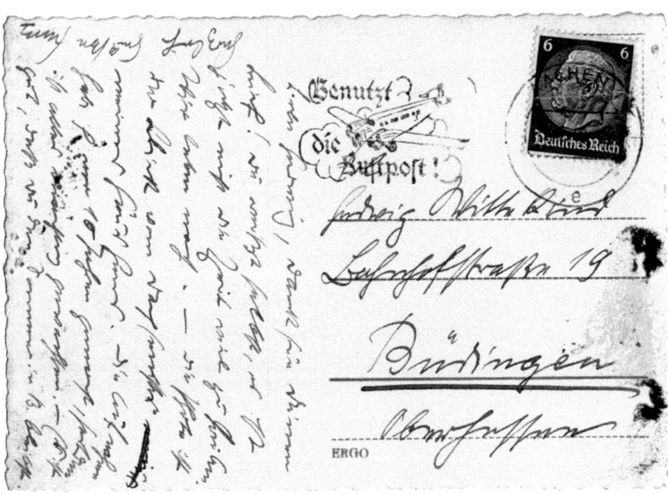

Kurz vor seiner Rückkehr aus Demmin nach Berlin schreibt Franz Streit eine letzte Postkarte an Hedwig Wittekind. (siehe Text Seite. 35)

Hedwig bekam von der Verhaftung der Drei im Juli 1944 nur vage Hinweise. Es dauerte eine längere Zeit, bis sie Näheres erfuhr. Heute wissen wir, dass Adelheid und Werner Müller-Hess vom Sammellager am Alexanderplatz am 6. September in das Konzentrationslager Auschwitz verschleppt wurden. Werner Müller kam von dort am 28. Oktober 1944 in das KZ Sachsenhausen, später in das KZ Dachau. Der stille und sensible Mensch ist an den brutalen Lagerverhältnissen zugrunde gegangen. Am 3. Januar 1945 starb er an den Folgen der Verschleppung und Haft.

Adelheid Müller überlebte ihre Odyssee durch mehrere Lager: *«Konzentrationslager Auschwitz-Birkenau, Bergen-Belsen, Raguhn b/Dessau und April ds. J. noch Theresienstadt, wo wir von den Russen befreit wurden. Außer in Auschwitz habe ich in allen Lagern als Pflegerin gearbeitet. In Theresienstadt, wo eine schlimme Typhus-Epidemie ausgebrochen war, hatte ich schweren Dienst als Schwester und war selbst noch sehr geschwächt nach einem gerade durchgemachten Fleck-Typhus. Ich habe mich verpflichtet, die Liquidation des Lagers Theresienstadt mitdurchzuführen und kehrte erst am 12.8. ds. J. nach hier zurück.»*[31]

Adelheid Müllers Tätigkeit als Pflegerin half ihr, das harte Lagerleben zu überstehen. Die Gefahren einer seuchenbedingten Ansteckung in einer Krankenabteilung musste sie dabei in Kauf nehmen. Aber es war ihr Versuch, sich durchzuschlagen. In den Lebenserinnerungen der Mitgefangenen Lin Jadalti findet sich eine anrührende Szene aus Auschwitz mit Adelheid Müller: *«Eines Tages Mitte Oktober, es regnete nicht mehr, hieß es: ‹Läusekontrolle. Alles ausziehen, raus, dalli, dalli› … Wir ließen unsere Klamotten liegen, nackt und kahlgeschoren, standen wir draußen. Es war kein Appell, wir waren uns selbst überlassen.»* Eine Französin fängt an zu singen; auch Lin Jadalti trägt ein Lied vor: das Lied der jüdischen Partisanen: Sag nicht einmal, dass Du gehst den letzten Weg. Sie berichtet weiter: *«Dieses merkwürdige Konzert dauerte so eine Weile, da kamen zwei Frauen nach vorne, eine dunkelhaarige mit schönem Gesicht und eine blonde. Die Blonde sang mit hellem Sopran auf Deutsch ‹Am Brunnen vor dem Tore›. Die andere, Adelheid, stellte sich in die Mitte und sang mit prachtvollem Alt Schuberts ‹Frühlingsglaube› mit solcher Innigkeit, dass wir alle tief ergriffen waren. Und als sie sang: ‹nun muss sich alles, alles wenden›, da waren auch wir davon überzeugt, dass sich bald alles wenden würde. Wir fühlten uns nicht mehr verlassen. Das Singen hat uns wieder bewusst gemacht, dass wir noch gerührt sein, noch Wärme fühlen konnten, dass wir Menschen waren. Wir hatten unsere menschliche Würde bewahrt durch die Musik, durch das Lied.»* [32]

Illegales Leben: Angst und Schrecken

Das Ehepaar Müller-Hess hatte – wie erwähnt – seine Absicht unterzutauchen mit Hildegard Neumeier besprochen, die sich an Franz Streit wandte. Über diese beiden Widerständler kamen sie in Kontakt zur Saefkow-Jacob-Bästlein-Gruppe. Bis Ende 1942 hatte sich noch wenig Konkretes zu einem Leben in der Illegalität ergeben. Erschwerend war, dass sie für die kleine Tochter von knapp drei Jahren sorgen mussten. Für drei Personen einen gemeinsamen Unterschlupf zu finden, war so gut wie aussichtslos. Deshalb entschloss sich die Familie zur Trennung: Werner Müller begab sich in die Obhut von Franz Streit, während Adelheid Müller-Hess mit ihrer Tochter «auf Reisen» ging. Eine wenig hilfreiche Umschreibung, die heute Kopfzerbrechen bereitet, weil nicht mehr zu klären ist, wer ihr bei dieser achtwöchigen Odyssee geholfen hat und vor allem, wer sie versorgte. Hanau, Köln, Trier und Wiesbaden – in dieser Reihenfolge – sind ihre Stationen auf der Suche nach einem Unterschlupf.

Da Werner Müller nur einen Schlafplatz bei dem zur Untermiete lebenden Franz Streit finden konnte, brauchte er für tagsüber eine weitere Bleibe und ging zu Hedwig Wittekind in die Taunusstraße 4. Es war gefährlich, sich am Tage auf der Straße aufzuhalten.

Adelheid und Werner Müller-Hess hatten in den Monaten vor ihrem eigenen Untertauchen die Deportation ihrer beiden Mütter mitverfolgen müssen. Thekla Hess verließ nach dem Tod ihres Ehemannes Hanau und zog nach dem Studienbeginn ihrer Tochter Adelheid 1936 zu ihr nach Köln. Zwei Jahre lang blieb sie dort und zog dann zu ihrem Bruder Felix Kaufmann und seiner Ehefrau Jenny nach Wiesbaden. Von dort wurde sie am 1. September 1942 in das KZ Theresienstadt verschleppt, wo Thekla Hess am 6. November 1942 starb. Kurz vor dem Abtransport schickte sie Tochter Adelheid im August 1942 eine letzte Nachricht zur bevorstehenden «Abreise».[33]

Auch Werner Müller befürchtete die Deportation seiner Mutter und wollte sie in Berlin aufsuchen, um sie zu warnen. Aber er fand nur eine leere Wohnung vor. «*Nicht einmal ihr bereitgelegtes Bündel mit den nötigsten Kleidungsstücken durfte sie von zu Hause abholen.*» Nach diesem

Schock nutzte er sofort das Versteck bei Franz Streit, und seine Ehefrau Adelheid ging mit dem Töchterchen auf die erwähnte achtwöchige Reise durch Mittel- und Westdeutschland.[34]

Im Haus in der Taunusstraße 4 in Friedenau, der Wohnung von Wittekind, verdächtigte offensichtlich niemand die wechselnden Untermieter in ihrer Wohnung. Außer dem sich dem Alkohol zuneigenden Hausmeister wohnte dort eine bunte Mischung an Hausbewohnern, die durch ihre Berufsbezeichnung in den Adressbüchern als ein guter Querschnitt eines normalen Mietshauses gesehen werden können: eine Sportlehrerin, ein Schriftsetzer, Arbeiter und Verwitwete, natürlich auch der Hauswart sowie ein Bäcker, zwei Kraftwagenführer, ein Flugzeugklempner, Assessor, Schuhmacher, Stadtsekretär, Zivilingenieur, Prokurist a.D. Keiner dieser siebzehn eingetragenen Hausbewohner schien Fragen zu stellen nach den Untermietern von Wittekind im vierten Stock.

Bei Fliegerangriffen flüchtete das Ehepaar in den Hausflur, während die anderen Hausbewohner in den Keller gingen. Mit den Bewohnern des Hauses wurde der Kontakt auf das Äußerste begrenzt. Allerdings war der vierte Stock nicht ein Schutzraum, sondern die oberste Angriffsfläche, wenn eine Bombe das Haus traf. In den Sommermonaten, in denen sie zu viert in Wittekinds Zimmer lebten, schlief einer im Sessel, ein anderer auf dem Fußboden. Die großen Fenster der Atelierwohnung nahmen Schaden, und der Winter mit Kälte, Wind und Regen pfiff durch die Ritzen. Heizmaterial gab es nicht, dafür hätte man einen Bezugsschein benötigt. Es bedarf nicht vieler Sätze um zu verstehen, dass diese höchst primitiven Wohnverhältnisse für ein laufendes, springendes und lebendig sich entwickelndes Kleinkind ungeeignet waren. Damit war die Entscheidung für die Fahrt nach Büdingen gefallen. Als Kind ausgebombter Berliner Eltern versuchte Hedwig Wittekind seine Anwesenheit zu erklären.

Die wunderbare Rettung eines kleinen jüdischen Mädchens

Erinnerungen von Hedwig Wittekind, die sie im Sommer 1945 aufschrieb[35]

Aufgeklärte Leute mögen wohl sagen: Wie kann ein gebildeter Mensch …! Aber ich kenne genug gebildete Menschen, kluge Menschen, nüchterne Menschen – sogar Männer -, die gelegentlich, wenn alle Vernunft versagte, zu einer Kartenlegerin gegangen sind. Es muß doch wohl alles vorausbestimmt sein, auch die kleinste Begebenheit; und da jedes Geschehnis im Leben zurückverfolgt, auf eine Unzahl kleinster und unbedeutendster Ursachen zurückzuführen ist, gibt es eigentlich nichts, was man als klein und unwichtig betrachten könnte, und unsere Erkenntnis von den tiefsten Zusammenhängen bleibt lückenhaft. Und wo ist die Grenze zwischen Mystizismus und Aberglaube?

Also, ich glaube an die Gabe des Hellsehens, und die Begebenheit, die ich hier wahrheitsgemäß erzählen will, beweist deutlich, daß es derartige Fähigkeiten gibt. Eine einfache Frau im Zentrum Berlins hat in den Karten gesehen, was keinesfalls anders zu erklären ist als durch eine unerklärliche innere Schau. Nicht einmal durch Gedankenübertragung konnte sie es wissen, da ich selbst die Hauptbeteiligten, mit denen mich das Schicksal zwei Jahre lang auf engste verband, damals noch gar nicht kannte und eigentlich in einer ganz anderen Angelegenheit Aufschluß von ihr erwartete, worin sie mich aber entschieden enttäuscht hat.

Es war im Spätherbst 1942, als ich, zwischen Bett und Sofa eingeklemmt, in ihrem mit Möbeln vollgestopften Stübchen saß. Auf dem Bett lag, wohlgefällig in sich zusammengerollt, die unvermeidliche Katze. Die Sibylle nahm die Karten aus der Schublade, ließ mich abheben, machte alle üblichen geheimnisvollen Handgriffe und gab dann stoßweise und unzusammenhängend ihre Weisheit von sich. «… Hat der nich en Kind?» fragte sie. «Nein», sagte ich, «ein Kind hat er, soviel ich weiß, nicht». – «Na also, ick seh' da doch imma en Kind, lassen Sie sich keen Kind uffhängen, Frollein … da is en dunkles Ehepaar - … ein Anruf … da is so'n Mann, sein Haar det schimmert so, er is noch nich alt … Geben Sie acht mit die Fieße bei die Dunkelheit, wenn Sie um die Ecke biegen...». Das war alles. Und als ich draußen auf der trübseligen Straße die Elektrische erwartete, die mich nach meinem heiteren Friedenau zurückbringen sollte, war ich recht unbefriedigt von dem Ergebnis des Orakels, da ich auch nicht das Geringste damit anfangen konnte. Und das sollte wohl auch so sein. Ich hielt alles für Unsinn und dachte nicht mehr daran. Doch als ich einige Tage später noch am Abend meine Einkäufe machte und grade beim Butterladen um die Ecke bog, stieß ich mir in der Dunkelheit heftig die Schienbeine an und fiel der Länge nach auf die Kartoffelkiste des Gemüsehändlers. Leider hatte mir die weise Frau nicht gesagt, wann und wo ich achtgeben sollte.

… Auch der prophezeite Anruf kam bald danach. Er bildete den Anfang der Begebenheit, die ich hier erzählen will. Ich ahnte damals allerdings nicht, was es für mich bedeutete, daß ein alter Bekannter mich nach Jahren plötzlich anrief, und seine eigenen Gründe und Absichten, die er dabei hatte, verriet er mir nicht gleich. Ich ging erfreut auf die Verabredung in seiner Wohnung ein, denn er war ein Mensch besonderer Art, und eine Begegnung mit ihm war immer eine Erfrischung für mich.

Er war ein seltenes Exemplar. Früher Vagabund, dann Arbeiter, und im Privatleben Radiobastler. Wir nannten ihn Vaga, eigentlich hieß er Franz Streit.

Er war etwas magerer geworden, die Stirn von Runzeln durchfurcht, wie er da unter der Lampe saß, auf seine Bastelei gebeugt. Mit unendlicher Liebe behandelte er seine Apparate und baute gerade an einem winzigen Gerät mit großer Geschicklichkeit und Sachkenntnis. Er war etwas gealtert, nur seine blauen Augen unter den rötlichen buschigen Brauen waren noch dieselben. Das Licht fiel auf sein langes schütteres Haar, … es schimmerte wie rötliches Gold …

Sein Wirt war ein alter gemütlicher Rheinländer, dick, glatzköpfig, aber den Freuden des Daseins noch keineswegs abgeneigt. Der Vaga nannte ihn den Zausel, und dieser Name war so passend, daß ich darüber seinen eigentlichen vergessen habe.

Es war wohl kein Zufall, daß an diesem Abend Besuch kam. Da wir aber mittlerweile die Lampe verhangen hatten, um bei der Zigarette und Radiomusik zu plaudern, konnte ich die Neuangekommenen nur als Gesamterscheinung erkennen. Es war ein Mann von etwa 30 Jahren mit dunklem

Kraushaar, der ein kleines Mädchen von noch nicht 3 Jahren bei sich hatte, dem er liebevoll aus seinem Mäntelchen heraushalf und sein Mützchen abnahm. Ein blondes Pagenköpfchen hatte sie, feine Brauen, etwas Ägyptisches hatte die Schädelform und die Form der Augen. Vom Gesicht des Mannes konnte ich wenig erkennen, da seine gewölbte Stirn alles überschattete und die Augen tief lagen. In seinem Wesen lag etwas Gedämpftes, Diskretes. Er sprach leise, mit Bescheidenheit und freundlicher Zurückhaltung. Es fiel mir darum auch nicht weiter auf, als sich der Vaga zwischendurch mal einige Minuten zurückzog. Er wurde mir vorgestellt als Werner Müller, ein Name, der mir begreiflicherweise wenig sagte. Im Laufe des Gesprächs erfuhr ich, daß er Musiker sei. Ich sagte ihm, daß ich Bildhauerin bin. Es schien mir aber, daß er das schon wußte, der Vaga mußte schon von mir gesprochen haben.

Während des Gesprächs saß das kleine Mädchen still und artig auf seinem Stuhl oder stand auch mal zwischen den Knien seines Vaters, sah mich mit ihren ägyptischen Augen an und sagte kein Wort. «Wie artig sie ist», sagte ich, «wie ein Engelchen». – «O, sie kann auch recht ungezogen sein», sagte der Vater. «Wie heißt sie?» – «Hanna». – «Ein schöner Name, ich habe ihn noch nie gehört. Was ist das für ein Name?» – «Es ist russisch», sagte er. Ich wunderte mich im Stillen. Ein russischer Name im Dritten Reich? Sonderbar! Dachte ich.

Unsere Gespräche hatten wenig Persönliches, doch spürte man im Ganzen eine Harmonie, wie sie bei wesensverwandten Menschen immer von der ersten Begegnung an da ist, wenn auch gemeinsame Erlebnisse, die die Beziehungen bereichern, noch fehlen. Als Herr Müller sein kleines Mädchen mit derselben fast mütterlichen Sorgfalt wieder angezogen und sich verabschiedet hatte, begleitete ihn sein Freund hinaus und sprach noch eine Weile draußen mit ihm. «Du hast da sympathische Freunde», sagte ich zum Vaga, als wir wieder zusammensaßen. «Besonders das Kind gefiel mir». – «Ja», seufzte er, «wenn man sich vorstellt, daß das unschuldige Kind grausam ermordet werden soll». Ich verstand nicht. «Um Gottes willen wieso?» – «Es sind doch Juden», sagte er.

Daran hatte ich am wenigsten gedacht. Man war doch schon seit langem gewöhnt, an dem gelben Stern schon von weitem zu erkennen, wenn man es mit einem Juden zu tun hatte, und Müller hatte doch keinen getragen.

«Ach so», sagte ich. «Also hat er heute Abend diese seltsame Dekoration nicht angelegt».

Ich brauchte einige Minuten, um mir diese Begegnung unter dieser neuen Perspektive zu überdenken. Schon lange, wenn ich so die Sternträger tagsüber auf der Straße sah, empfand ich immer eine Mischung von Grauen, Mitleid und Schuldbewusstsein. Meine eigenen jüdischen Freunde waren längst im Ausland, und ich hatte seitdem keine persönliche Begegnung mehr mit Juden gehabt. Umso mehr packte mich jetzt dieses direkte und unmittelbare Erlebnis, und ohne mich zu besinnen, sagte ich zu Vaga: «Da müssen wir helfen». Nun begriff ich auch die zarte Obhut, die mir an ihm aufgefallen war. Die ganze Sorge um sein Kind lag darin. Ob er nicht dachte: wie lange werde ich es noch betreuen können? Jeden Tag rückte die drohende Gefahr näher. Täglich wurden Juden abgeholt, wahrscheinlich auf Nimmerwiedersehen, kein Mensch wusste, was mit ihnen geschehen würde.

Mein Freund war sofort einverstanden, dass hier etwas geschehen müsse. Freilich wussten wir noch nicht was und wie. Geld hatten wir nicht. Mit viel Geld wäre vielleicht noch eine Möglichkeit gewesen, ihnen zur Flucht zu verhelfen, ihnen einen falschen Pass zu besorgen und ihnen vielleicht doch noch einen Weg ins Freie zu eröffnen. Aber so? Wie ihnen den Weg ersparen, den sie sonst alle über kurz oder lang antreten würden, und den, wie ich jetzt von Vaga erfuhr, schon seine [Müllers, P.B.] *Mutter und auch die Mutter seiner Frau gegangen waren? Beide waren sie bereits aus der Fabrik abgeholt und so, wie sie gingen und standen, abtransportiert worden. Nicht einmal ihr bereitgelegtes Bündel mit den nötigsten Kleidungsstücken durften sie von zuhause abholen. Als Werner Müller seine Mutter hatte besuchen wollen, hatte er die Wohnung leer gefunden. Es war merkwürdig, wie still ergeben er sein Schicksal trug.*

Bald darauf kam er zusammen mit Vaga in meine Wohnung, um mich zu besuchen und gemeinsam die Sache zu besprechen. Es schien seinem stillen, feinen Wesen zu widerstreben, die Hilfe von Leuten anzunehmen, die ihm bis dahin gänzlich unbekannt waren. Der Vaga musste ihm immer wieder zureden, sich helfen zu lassen. Er sagte uns, dass, wenn es auf ihn allein ankäme, er sich stellen würde, aber seine Frau hielt ihm vor, dass er doch schon des Kindes wegen die Pflicht habe, zu «tauchen», wie man es nannte, wenn einer vor den Augen der Behörde verschwand und unregistriert als blinder Passagier weiterfuhr. Wir bemühten uns jetzt gemeinsam, einen Ausweg zu finden. Werner Mülller sagte allerdings, daß ihm Geld zur Verfügung stünde, durch einen reichen Juden seiner Bekanntschaft, der eine nicht-jüdische Frau hatte und dadurch damals noch nicht in direkter Gefahr war. Vaga meinte allerdings, den Plan durchführen zu können, nach Hamburg zu fahren und mit Hilfe dieses Geldes einen Matrosen zu gewinnen, der die Familie heimlich auf ein Schiff schmuggeln sollte, aber das scheiterte daran, daß der reiche Mann sich plötzlich zurückzog, da er fürchtete, sich verdächtig zu machen, wenn er eine so große Summe, wie sie dazu gehörte, auf der Bank abheben würde. Dann kam der Vaga auf eine andere Idee. Er wollte seine Freundin heiraten und eine Portierstelle annehmen, um die Familie in eine Portierskellerwohnung aufnehmen zu können, wo sie einigermassen ungestört und unkontrolliert hätte leben können. So wäre man die Gefahr des Portiers los gewesen, dieser in jedem Mietshaus so wichtigen und meist auch sehr gefürchteten Persönlichkeit. Es wäre das von dem alten freiheitsliebenden Vaga ein ganz großes Opfer gewesen, denn erstens war seine Freundin, die mit ihm in derselben Fabrik arbeitete, zwar ein herzensguter Mensch, aber ihr Mundwerk ging mit einer solchen Geschwindigkeit und Pausenlosigkeit, daß es einem war, als wäre man in eine Mühle geraten. Und, um gleich im Bilde zu bleiben, man war nach einer Stunde Unterhaltung mit ihr wie gerädert, obwohl man selbst in der ganzen Zeit kaum etwas zu sagen brauchte. Außerdem war Hanni eifersüchtig veranlagt. Zweitens konnte man sich den liberal gesinnten Vaga schlecht in der Position eines subalternen Rechners und Aufpassers vorstellen. Trotzdem durchlas er alle Zeitungsannoncen nach einer Portierstelle, aber ohne Erfolg. Das Heiraten verschob er auf diesen Zeitpunkt und hätte es wahrhaftig getan, wenn er eine solche gefunden hätte. Aber der Himmel wollte ihn nicht unschuldig strafen.

Mir selbst kam der Gedanke, in meine hessische Heimat zu fahren und Müllers das Atelier in Berlin abzutreten. Aber in dem dazugehörigen Zimmer wohnte bereits eine Schauspielerin, die ich bei der herrschenden Wohnungsknappheit zu mir genommen hatte und der ich nicht gern Einblick in die neue Lage gewähren wollte, die ich aber auch nicht auf die Straße setzen konnte.

Zu einem klaren Entschluß kamen wir nicht, und die Zeit verstrich und drängte zu einer Lösung. Als ich eines Tages den Vaga am Telefon fragte: «Wie geht's Müllers», - «Angst, Angst», sagte er nur. Und die Zeit verstrich. Aber wenn man ins Wasser fällt, kann man nur schwimmen oder untergehen. Und wenn man sieht, daß eine Verzögerung den Untergang bedeutet, kommt man auch schnell zu einem Entschluß.

Es ging dann alles plötzlich sehr schnell. Als ich eines Abends in Vagas Zimmer trat, fand ich Werner Müller bereits bei ihm; er war getaucht. Für's erste sollte er als total bombengeschädigt beim Zausel wohnen. Der gutmütige Kerl war leichtgläubig, und warum sollte Werner Müller nicht bombengeschädigt sein? Er bekam von ihm ein Bett in seinem, Zausels, Zimmer zur Verfügung gestellt und sollte vorläufig wohnen bleiben. Adelheid Müller, seine Frau, war mit dem Kind auf gut Glück ins Rheinland gefahren, wo sie bei früheren Hausangestellten vorübergehend Unterkunft fand. Ich hatte bis dahin noch keine Gelegenheit gehabt, sie kennen zu lernen.- Die Flucht mit Gepäck war sehr gefährlich gewesen. Das Haus in der Kaiser-Friedrich-Straße, Nähe Alexanderplatz, das fast ausschließlich von Juden bewohnt war, die auch an demselben Abend abgeholt werden sollten, wurde von der Portiersfrau bewacht, die wie ein Cerberus an der Haustür stand und aufpasste, daß niemand entwischen konnte. Wie es ihnen dennoch gelungen ist, herauszukommen, ist mir entfallen. Doch hatten sie mit Hilfe von Vaga und Hanni das Nötigste schon in Koffern herausgebracht gehabt, den schönen Flügel freilich hatten sie mit tiefem Bedauern zurücklassen müssen, und so war es ihnen irgendwie gelungen, ungesehen herauszukommen und Vaga mit seiner Gefährtin brachten Mutter und Kind mit Gepäck zur Bahn. Die armen Leute waren von Rennen und Schleppen ganz erschöpft, aber beruhigt und zufrieden - wenigstens fürs erste !

Da Werner tagsüber auf «Arbeit gehen» mußte, um dem Zausel gegenüber den Anschein zu erwecken, daß er ganz «legal» wäre, sollte er sich während der üblichen Arbeitszeit auf meinem Atelier aufhalten. So kam er täglich in den frühen Morgenstunden zu mir, während ich noch schlief, und nickte noch ein wenig auf dem Stuhl. Ich betrachtete oft beim Erwachen den Heimatlosen, und großes Mitleid erfasste mich, wenn ich ihn mit auf die Brust gesunkenem Kopf am Tisch sitzen sah, ein Mensch, der keinem etwas zuleid getan, der nur für seine Kunst gelebt hatte, mußte sich hier verbergen wie ein Verbrecher. Ein Cello und zwei Posaunen hatte er bei mir untergebracht, die nun nicht mehr tönen und klingen durften; ihr Meister hatte sich einer geräuschloseren Arbeit zugewandt. Er fing an, allerhand Gegenstände in Brennton zu formen. Als er am ersten Abend nach Zausels Wohnung zurückgekehrt war, liess er auf dem Modellierblock einen kleinen Gegenstand zurück, ein simples Leuchterchen, dem man nicht ansah, wieviel Mühe es gemacht hatte. Aber die Leidenschaft zum Formen war erwacht, und bald standen überall Aschenbecher, Leuchter, Schalen und Schälchen in allen Größen und Formen. Es fehlte ihnen zwar an Glätte und Symmetrie, doch dafür hatten sie etwas Ursprüngliches, was einen reizen konnte, sie zu besitzen. Und er war auch keineswegs geizig damit und beschenkte mich reichlich. Wir tranken den Tee aus henkellosen, rohgebrannten, unglacierten Schalen, die, bald vollgesogen vom süßen Tee, einen geradezu steinzeitlichen Eindruck machten. Meine Untermieterin wurde ganz neidisch auf mein reichliches Geschirr und wurde ebenfalls damit beschenkt.

Schwerer allerdings als Gefäße schaffen war es, etwas hineinzutun, denn eigentlich war Werner ja gar nicht mehr existent, und ohne Karten ist der Mensch übel dran, wo das Bezugsscheinsystem herrscht. Am ersten Morgen legte er ein paar gelbe Rüben vor sich hin und fing an, sie zum Frühstück mit dem Taschenmesser abzuschaben. Das konnte ich nicht mit ansehen und teilte mein Brot mit ihm. Wenn man die Butter etwas dünner schmierte, reichte diese auch.

Eine andere Schwierigkeit war, daß er möglichst unbemerkt ein- und ausging. Eines Abends war er vor seinem eigenen Schatten erschrocken. Meine erste Frage war immer: Hat Sie jemand gesehen? Aber frühmorgens, wenn er kam, war außer dem vertrottelten Portier noch niemand auf, und der war eigentlich stumpfsinnig, versoffen außerdem, um den frühen Gast, wenn er ihn wirklich einmal sah, Beachtung zu schenken. Und wenn er sich abends wieder möglichst unauffällig entfernte, war es zunächst noch dunkel in der frühen Jahreszeit und schließlich war es auch nichts Besonderes.

So waren wir denn vorläufig leidlich beruhigt und Tag für Tag rollte programmmäßig ab. Frau Müller war gut im Westen angekommen, doch war ihre Lage bedeutend unsicherer, da sie nirgends lange bleiben konnte.

Trotzdem schrieb sie immer voller Zuversicht. Das blonde Kind, dem man nichts Jüdisches ansah, war ihr ein gewisser Schutz, wenn sie auf der Bahn im Abteil für «Mutter und Kind» nach einem neuen Zufluchtsort fuhr. Frau Müller stammte aus Hanau, und zwei frühere Hausangestellte ihrer Mutter, von denen die eine noch in Hanau wohnte, unterstützten sie mit Lebensmitteln und Marken. Auch dachten wir, daß der Krieg nicht mehr so lange dauern könnte, wir Ahnungslosen!

Gefährliche Situationen verlieren mit der Zeit durch die Gewohnheit von ihrem Schrecken. Eine kindliche Sorglosigkeit täuscht über die Gefahren hinweg. Wir saßen die Abende friedlich beisammen. Meine Mieterin, die wir einweihen mußten, was bei ihrer Ängstlichkeit ein gewisses Risiko war, konnte trotz aller Vorsicht nicht widerstehen und kam oft zu uns herüber, um sich mit Werner über Astrologie zu unterhalten. Schauspieler neigen ja häufig zu solchen Orakeleien. Da rechneten sie denn oft stundenlang und sprachen von Häusern, Oppositionen, Quadraturen etc., ich konnte nichts davon verstehen, doch flößten mir ihre schwierigen Berechnungen Respekt ein. Zahlen waren mir immer eine Welt, mit der ich nichts anfangen konnte. Aber auch ich war für okkulte Dinge sehr empfänglich, und wir spannen uns dann häufig in eine Welt von Gedanken ein, die uns wirklicher erschien, als die Wirklichkeit selbst. Kann es denn auch verwundern, daß wir einen Halt in der Welt des Irrealen suchten, wo alles Reale um uns herum feindlich war, die Behörde, die Partei und jede ihrer Organisationen – und überhaupt der liebe Nächste!; in dieser Situation, in der jeder Dritte schon zu viel war, um in unser Geheimnis eingeweiht zu werden. Wir getrauten uns kaum zu telefonieren, und wenn einer von uns Einlaß haben wollte, klopfte er zur Unterscheidung an die Wand anstatt an die Tür.

Kam irgendein vielleicht ganz harmloser Fremder mit einem Auftrag oder sonst einem Begehr, so witterten wir eine Bespitzelung, in dieser Zeit, in der jeder vor seinem Freunde Angst haben zu müssen glaubte und sich mit dem «deutschen Blick» umsah, wenn er einen Gedanken der Sorge oder ein Wort der Kritik loswerden wollte. Wir wurden langsam vertraulicher miteinander, erzählten uns Geschichten aus unserem Leben, von Freunden und Verwandten. Werner meinte, ich müsse mich gut mit seiner Frau verstehen, und ich bedauerte, sie nicht kennen gelernt zu haben.

Die Gelegenheit hierzu kam eher als ich dachte. Es war im März gewesen, als Müllers getaucht waren. Langsam kam der Frühling und brachte neues Hoffen. Allein schon die Wärme empfanden wir als ein Gottesgeschenk. Werner stellte auch seiner Frau das Horoskop und prophezeite ihr allerdings ab Mai nichts Gutes, und diese Aspekte sollten den Sommer über anhalten. Doch nahmen wir es nicht allzu tragisch. Werner nahm die Astrologie nicht so blutig ernst. Er war noch nicht restlos überzeugt, vor allem nicht von seinem eigenen Können und Überblick in dieser eigenartigen, mit menschlicher Logik schlecht vereinbarten Wissenschaft. Ich betrachtete sie mit verständnisloser Neugier, und Vaga war als eingefleischter Kommunist ein wütender Gegner davon. Er sagte: Wenn es sogar wahr wäre, daß man das Schicksal in den Sternen lesen könnte, so wäre das nur etwas für Schwache. Ich konnte ihm da nicht unrecht geben. Bei mir verbindet sich dieses Urteil noch mit einer heiligen Scheu, den Schleier zu lüften, der uns die Zukunft verbirgt. Meinen Gang zur Kartenlegerin muß ich als Sündenfall bezeichnen, der mich übrigens vor dem Fall auf die Kartoffelkiste auch nicht bewahren konnte, so wenig wie vor allem, was mir noch bevorstand und was mir die Pythia in dunkelen Worten angedeutet hatte, die ich damals nicht verstanden hatte.

Es ist zwar ein recht reizvoller Zug von meinem Bruder Albrecht, immer ganz plötzlich und unerwartet zu erscheinen. Aber als er nun, etwa um die Osterzeit, wiederum unversehens bei mir anklopfte (an die Tür, nicht an die Wand!), da war ich in der ersten Schrecksekunde etwas in Verlegenheit. Sollte ich ihn gleich in die Sache einweihen? Sollte ich ihn erst langsam vorbereiten? Ich wußte: er war seit dem ersten Tage des Krieges Soldat und vollgesogen mit Haß gegen Militarismus und alles, was damit zusammenhing; und ich wußte aus Briefen, die ich vorsichtshalber sofort verbrannte, wie er sich schon verdächtig gemacht haben mußte, bei Vorgesetzten und bei der Partei. Die Mitwisserschaft in unserer Angelegenheit konnte ihn nur noch mehr belasten, wenn, wie vorauszusehen war, aus der Mitwisserschaft eine Hilfestellung werden würde. Aber ich suchte Hilfe, und was war da natürlicher, als daß ich ihn ins Vertrauen zog? Er war außerdem Rechtsanwalt und würde mir vielleicht einen Rat wissen. Der Wein, den er zur Feier unseres Wiedersehens mitgebracht hatte, zerstreute meine letzten Bedenken, und nach kaum einer halben Stunde wußte er alles. Anfangs nahm er die Sache mit viel Anerken-

nung zur Kenntnis, und meine Befürchtung, er möchte mich als leichtsinnig tadeln, zerstreute sich wieder. Als ich aber am Abend mit ihm zur Bahn ging, zogen sich, im Gegensatz zu seiner wieder zunehmenden Klarheit im Gehirn, drohende Wetterwolken im Gemüt zusammen. Er malte mir aus, welches Risiko ich auf mich genommen hätte, welche Gefahren an allen Ecken und Enden lauerten, daß so etwas unter zehnmal vielleicht einmal gut gehe. Und er prophezeite mir, wenn der Krieg noch länger als ein Jahr dauere, werde ich mitsamt meinen Schützlingen den Weg gehen, von dem es schwerlich eine Rückkehr gebe.

Alle die ungelösten Fragen und die nicht behebbare Sorge um unser aller Zukunft drohte die Abschiedsstunde schwer zu machen. Gut deshalb, daß wir auf den Gedanken kamen, die Zeit bis zur Abfahrt des Zuges in einem Wirtshaus zu verbringen. Beim dünnen Bier, das das Denken nicht belastet, kam mir, als mein Bruder grade auf eine Minute hinausgegangen war, im Nachdenken für mich allein der rettende Gedanke: «Albrecht», sagte ich zu ihm, als er wieder Platz genommen hatte, «Wie wär's, wenn ich nach Büdingen käme und ihn das Atelier in Untermiete bewohnen ließe?» Albrechts Gewitterwolken verschwanden, er strahlte. «Das ist eine Lösung», sagte er. «Du machst einen Mietvertrag mit ihm, dann ist er dem Portier gegenüber legitimiert, und vor allem bist Du vom Schauplatz der Handlung entfernt und nicht so unmittelbar gefährdet». Und dann tranken wir einträchtig unser Bier zu Ende. Der Abschied war nun doch weniger sorgenbeschwert, wenn auch die Zukunft immer noch reichlich dunkel vor uns lag.

Werner war gar nicht so sehr entzückt von dieser Lösung. Wir hatten im Laufe der Wochen eine recht herzliche Freundschaft miteinander geschlossen, und der Gedanke, lästig zu fallen oder abhängig zu sein, war ihm nicht mehr gekommen. Immer hatte er sich auf die Abendstunden gefreut, die wir gemeinsam verbrachten, nachdem er den ganzen Tag allein sich mit seiner Formerei unterhalten hatte. Nun sollte er, nach dem Stubenarrest tagsüber, auch noch die Abende allein verbringen! Denn auch die Schauspielerin war abends häufig nicht zuhause. Schließlich aber mußte er zugeben, daß der Plan der einzig richtige war. «Wenn Sie nun nach Büdingen fahren», sagte er, «sind Sie ja nicht weit von Wiesbaden, wo sich Adelheid zur Zeit aufhält. Da könnten Sie sich ja mal mit ihr treffen». Ich versprach es. Frau Müller war in Wiesbaden in einer kleinen Privatpension gelandet, deren Inhaberin bis dahin wenig Wert auf polizeiliche Anmeldung zu legen schien. Sie hatte recht Glück gehabt die Zeit über. Nun, wir waren ja auch erst im April. Der unglückbringende Mai, an den wir ein bißchen glaubten, lag noch vor uns. Auch meine Untermieterin nahm die Botschaft von meiner bevorstehenden Abreise nicht sehr gnädig auf, da sie meinte, ich wollte mich drücken und die Gefahr auf sie abwälzen. Ich schlug ihr vor: «So ziehen Sie doch aus, liebes Fräulein Cornell». Ich hatte es ihr schon manchmal nahegelegt. Das kleine Atelier, wo ich wohnen und arbeiten mußte, war eng und zugig.

Am letzten Abend beim Abschied an der Bahn drückte mir Werner noch einmal herzlich die Hand und sagte in seiner schlichten Art: «Wie dankbar ich Ihnen bin, brauche ich Ihnen wohl nicht zu sagen». Bei meiner nächtlichen Fahrt dachte ich noch lange an ihn, den ich zurückgelassen. Wie dunkel die Zukunft für ihn war. Wie wenig in meiner Macht stand, ihn zu retten. Nicht einmal beten konnte ich für ihn, vor innerem Zweifel, erhört zu werden. Beten kann nur der, der entweder keine Kritik hat, oder dessen Kritik schweigt im Überschwang des Gefühls. So blieb mir nichts als die ehrlich gemeinten guten Wünsche, die den ins Ungewisse Hineinlebenden begleiteten.

Schon gleich nach meiner Ankunft in Büdingen schrieb ich Frau Müller nach Wiesbaden und machte ihr den Vorschlag, uns irgendwo zu treffen. Sie schrieb mir sehr erfreut zurück, und regte an, uns in Frankfurt auf halbem Wege entgegenzukommen. Meinen Eltern erzählte ich nur, daß ich eine Bekannte besuchen wollte. Ich wollte sie nicht unnötig in Unruhe versetzen. Da ich aber auch in Büdingen einen Halt suchte, vertraute ich meiner Kusine die Sache an. Sie nahm warmen Anteil an dem unverdienten Schicksal dieser Menschen und gab mir von ihren Lebensmittelmarken, was sie entbehren konnte. Es lag in der Tradition der guten alten Bürgerfamilie Schmück, an fremden Menschenschicksalen selbstlos Anteil zu nehmen und meine Kusine Luise war eine echte und rechte Tochter ihres Vaters, des in Büdingen wohlbekannten Waldläufers und Naturfreundes, des «Schmitt Schmück», eines wahren Demokraten im besten Sinne des Wortes.

Auf dem von Lärm erfüllten Bahnhof stand ich und wartete. Ich war zu früh gekommen und war schließlich vor lauter Warten so in mich selbst versunken, daß ich den Grund, warum ich da stand, vergessen hatte, als mich plötzlich eine Stimme mit «Hedwig» anrief und eine fremde Frau vor mir stand. Ich sah sie erschrocken an, auf dem fremden Bahnhof meinen Vornamen zu hören und fand zunächst keine Worte. Sie hatte krauses dunkles Haar und war nicht viel größer als ich, wirkte aber kolossal durch ihre kraftvolle Körperlichkeit. Alles war massig an ihr, der Nacken, die Wangen, der sinnliche Mund, die großen, weitoffenen blauen Augen und die etwas dickliche Nase. Dieselben großen blauen Augen und die etwas schiefstehenden Augen hatte auch das Kind. Nur hätte ich mindestens bei der Mutter blondes Haar erwartet, weil das Kind so ausgesprochen blond war. Ich stellte beruhigt fest, daß sie auf den ersten Blick nicht jüdisch aussah. Bei ihrem ständigen Herumreisen konnte sie sich nicht so verborgen halten wie ihr Mann, und das hätte ihr doch leicht gefährlich werden können. – Eine ganze Weile sprach sie auf mich ein, ehe ich mich von meiner Befangenheit lösen konnte. Ich ging dann stotternd auf ihr Du ein und begrüßte auch das Kind. Es hatte mich wiedererkannt und brachte mir entschieden Sympathie entgegen. Wir beschlossen, zuerst einmal zu Mittag zu essen und dann in den Zoo zu gehen. Wir sprangen in die schon fahrende Elektrische, sie nahm dabei ihr Kind mit kraftvollem Schwung unter den Arm wie ein Bündel. Bei allem, was sie tat, hatte man den Eindruck «die schafft's».

Hanna wurde von ihren Eltern nur «Schätzchen» gerufen. Bei ihrem wahren, ausländisch klingenden Namen wagten sie sie nicht zu nennen, um nicht verdächtig zu werden. Schätzchen saß mir im Restaurant gegenüber und sah mich mit recht verglasten, blassen Blicken an, denn sie war intensiv damit beschäftigt, an ihrem Mittelfinger zu lutschen. Die robuste Kellnerin, die die Suppe brachte, schrie sie an, indem sie einen Griff nach der Schere an ihrem Gürtel tat, mit der sie die Marken abzuschneiden pflegte: «Nimmst du den Finger aus dem Mund, sonst schneide ich ihn ab», welch roher Scherz sie derart erschreckte, daß sie in ein durchdringendes Geschrei ausbrach. Frau Müller erklärte mir, sie könne das Kind gar nicht richtig erziehen, da sie nur darauf bedacht sein müsse, in ihrer Pension sich möglichst ruhig zu verhalten. Es könne ohnehin nicht so weitergehen, die Wirtin dränge sie, sich anzumelden. «Aber», sagte sie, «ich habe gute Bekannte gewonnen. Das Kind soll für einige Zeit zu Freunden nach Trier, vielleicht behalten sie es für die Zeit des Krieges. Und dann habe ich hier in der Pension eine sehr gütige Dame ken-

nengelernt, die mir auf ihrem Grundstück außerhalb Berlins eine Laube, die allerdings erst gebaut werden muß, zur Verfügung stellen will». Sie erklärte mir weiter, die erwähnte Dame habe Sympathie zu ihr gefaßt durch die Gesangsstunden, die sie ihr erteile. Mit maliziösem Lächeln erklärte sie mir weiter, der Mann dieser Dame bekleide sogar eine hohe Stelle in der Partei und sie nenne sie daher «Frau Muss», um auf jeden Fall das Geheimnis zu wahren.

Allmählich kamen wir uns persönlich näher. Sie erzählte von ihren Erfolgen als Sängerin und den schönen Konzerten, bei denen sie und ihr Mann mitgewirkt hatten. Ihr ganzes Wesen strahlte Optimismus aus. Sie drückte ihre Hoffnung aus, einmal wieder ihren Beruf ausüben zu können. Das «Dritte Reich» schien ihr wie ganz selbstverständlich eine vorübergehende Episode zu sein. Ich bewunderte ihren Mut und ihre Zuversicht, denn ich war schon darauf eingestellt, eine abgemagerte und verhärmte Frau vorzufinden, und da saß sie nun vor mir, blühend und strahlend, frei und zwanglos, obwohl sie, wie sie sagte, an manchen Tagen nicht wußte, wo sie ihr Haupt hinlegen sollte. Mit der gleichen Unbekümmertheit bewegte sie sich im Zoo, an dessen Eingang stand «Juden haben keinen Zutritt». Schätzchen fand Gespielen, mit denen sie Hand in Hand herumlief, da gab es keinen Rassenhaß, und ich sagte das auch zu ihrer Mutter: «Wäre es denn nicht möglich, daß es überall so wäre?» Aber es scheint keine Möglichkeit zu geben, durch noch so gut ausgedachte Systeme Weltanschauungen, ja sogar Religionen das Niveau der Menschheit zu heben. Und das wird wohl immer so bleiben, solange nicht jeder dieser Weltverbesserer zuerst einmal bei sich selber anfängt.

Wir beschlossen, daß sie mit ihrem Kind auf ein paar Wochen zu mir käme, bis sich ihre Aussichten realisiert hätten, und daß ich sie in Wiesbaden abholen würde, um ihr mit ihrem Gepäck behilflich zu sein.

Wir näherten uns bereits dem verhängnisvollen Mai, als Adelheid Müller bei mir einzog. Ich hatte meine primitive Behelfswohnung so nett wie möglich hergerichtet, und sie sah sich beglückt darin um, und im Gefühl, für ein paar Wochen in Sicherheit zu sein, umarmte sie mich.

Nun begann eine frohe und sorglose Zeit. Wir gingen mehr in die Felder als in die Stadt, um nicht dem hakennasigen Polizisten zu begegnen, lagen in der Sonne, schrieben Briefe nach Berlin und taten sonst so wenig wie möglich.

Manchmal sang mir Adelheid, wenn wir durch die Felder gingen, hebräische Lieder vor, die eigenartig fremd und dabei reizvoll klangen. Das Kind verlor seine Blässe und bekam rote Bäckchen. Mein Kater Jockel, ein geborener Berliner, wurde allerdings auf halbe Kost gesetzt und gelegentlich von Schätzchen gepeinigt, doch fand er sich mit den veränderten Lebensbedingungen ab und hielt sich mehr im Hintergrund. Nur einmal kam es wie ein Wetterleuchten aus der bösen Welt, als plötzlich zwei Männer am Abend bei mir anklopften, aber es war nur wegen mangelhafter Verdunkelung, daß sich der Arm des Gesetzes, der ja bekanntlich sehr lang ist, nach mir ausstreckte, und mit seinen ebenso langen Fingern, als ich bereits wieder in Berlin war, 20 Mark Strafe von mir in Empfang nahm, vom Porto ganz zu schweigen. Doch war uns den ganzen Abend unbehaglich zu mute, weil uns dadurch zum Bewußtsein gekommen war, daß das Leben im Dritten Reich nicht nur aus Luft und Sonne, Blumenduft und Lerchenjubel besteht, sondern daß das Leben viel wichtigere Dinge kennt, wie z.B. polizeiliche Anmeldungen, Ausweise, Personalien etc.

Ich weiß nicht mehr genau, wann es war, aber der Mai war nicht mehr fern, als mein Bruder plötzlich kam. Er ging zuerst – es war schon spät am Abend – in mein Schlafzimmer, und sah im Licht der verdunkelten Lampe in meinem Bett ein winziges Ding. Es war das schlafende Schätzchen. Sehr verblüfft, so ein kleines Köpfchen auf dem Kopfkissen liegen zu sehen, suchte er weiter in der Wohnung herum und fand in der Küche unser Zigeuneridyll. Wir saßen dort gerade, leichtsinnig in Erinnerungen vertieft, Gegenwart und Zukunft vergessend, auf dem Lager, das ich provisorisch hergerichtet hatte. Mein Bruder, der trotz vieler Ideale den Sinn für die Realitäten des Lebens nicht verloren hatte, erkannte sofort die Gefahren, die das Kleinstadtmilieu für uns hatte, zumal in Büdingen, das man als eine Hochburg der N.S.D.A.P. bezeichnete. Er sah ein, daß ein Aufenthalt von Mutter und Kind ohne polizeiliche Anmeldung auf die Dauer zu einer Katastrophe führen müsse, und auch ich konnte mich dieser Einsicht nicht verschließen. Nur hatte Adelheid immer noch keinen rechten Bescheid, weder von Frau Muss noch von dem Ehepaar in Trier. Solange der unmittelbare Kontakt mit der sangesfrohen Dame noch vorhanden war, ging alles gut; doch nun haperte es. Die Erlaubnis zum Bau der Laube in Berlin war immer noch nicht erteilt, und aus Trier kamen immer nur mehr laue Briefe mit fadenscheinigen Ausreden. Und so blieb zunächst gar nichts anderes übrig, als den sehr gefahrvollen Zustand noch weiter andauern zu lassen. Es vergingen Wochen, und als mein Bruder sich nach längerer Zeit wieder einen schwarzen Urlaub erschlichen hatte, war die Situation immer noch die gleiche: wir schlugen uns mit meiner einen Lebensmittelkarte schlecht und recht durch, mein Bruder tat, was er konnte, um Lebensmittel oder Urlauber-Lebensmittelkarten zu schicken oder mitzubringen, man benutzte jede Möglichkeit eines kartenfreien Mittagessens. Schätzchen hatte gehört, daß man in die Wirtschaft «Stamm» essen [ein Gericht ohne Lebensmittelkarte, P.B.] *ging, und so sagte sie bald «Wir gehen zum Onkel Stamm zum Essen». Adelheid benahm sich ungeniert, machte Besorgungen und grüßte erhobenen Arms mit «Heil Hitler», und vielleicht war es der Unbefangenheit, mit der wir uns benahmen, zu verdanken, daß die Wochen und Monate vergingen, ohne daß die Polizei argwöhnisch wurde und nachforschte, was für eine fremde Frau denn da nach Büdingen zugewandert war.*

Über kurz oder lang jedoch hätte die Sache unfehlbar auffallen müssen. Die Hausbesucher begannen, mit schliefen Blicken die Besucherin zu betrachten, die sich wohl auf unabsehbare Zeit einquartieren wollte. Auch Adelheids Sorge wuchs, und sie kam auf die seltsamsten Gedanken. «Mein armes Kind», rief sie öfters aus, «soll ich es nicht lieber in einem Schnellzug zurücklassen? Oder in dem Garten eines Kinderheimes absetzen? Oder in ein Filmatelier hineinschmuggeln?», denn Schätzchen hatte ein sehr lebhaftes Temperament und wäre vielleicht für den Film geeignet gewesen. Aber zu alledem war sie schon zu groß. Sie nannte sich Hanna Müller und wußte, daß sie aus Berlin war, kannte aber selbstverständlich auch schon den Namen Büdingen. Wir hielten es also für das Beste, alle nach Berlin zurückzukehren. Auch ich fuhr mit, da ich sie in ihrer Verzweiflung nicht allein lassen wollte und sie zu den unüberlegtesten Dingen für fähig hielt.

Werner schrieb ganz bestürzt zurück, als wir ihm unseren Entschluß mitteilten. Um ihn nicht in Unruhe zu versetzen, hatten wir immer nur optimistisch geschrieben und nichts erwähnt von unseren täglich wachsenden Sorgen. Und so hatte er die ganze Zeit sorglos gelebt, und wenn er von seinen Formereien schrieb, hatte Adelheid manchmal gesagt: «Wie glücklich und unbekümmert lebt er doch dahin!» Und während wir in der ernstesten Sorge lebten, was mit uns allen noch werden möge, schrieb er eines Tages: «Da habe ich mich doch neulich auf eine Anzahl Gefäße gesetzt, die schon zum Brennen fertig waren und die ich aus Unachtsamkeit aufs Sofa gelegt hatte, sodaß sie alle zerbrochen sind. Ist das nicht ärgerlich?» Das war nun also die einzige Katastrophe in seinem verträumten Dasein!

Also hatte die Astrologie recht gehabt. Der Mai war der Anfang verhängnisvoller Verwicklungen geworden. Die Bekannten hatten abgeschrieben und unsere Situation in Büdingen fing an, mehr und mehr brenzlig zu werden. Wir mußten fort! Und so entschlossen wir uns zur Abreise. Schwerbepackt gingen wir zur Bahn, nur das eine schwerwiegende Ding fehlte: Adelheids Personalausweis. Die Bemühungen meines Bruders, ihr einen solchen zu beschaffen, waren vergeblich gewesen, ein ihm befreundeter Polizeiwachtmeister, durch den er ihn hatte beschaffen wollen, war plötzlich versetzt worden – es war eben der Unglücks-Mai, - alles ging schief. So hatte Adelheid als Ausweis nur Hannis Kleiderkarte [Vagas Freundin P.B.] *und ein auf den gleichen Namen umfrisiertes Abonnement auf die Elektrische in Wiesbaden, mit ihrem Photo darauf. Es war schon dunkle Nacht, als wir in Gelnhausen in den Berliner Schnellzug einstiegen. Kaum noch Platz in den Gängen. Adelheid fuhr getrennt von mir in dem Abteil «Für Mutter und Kind», der Jockel* [Kater, P.B.] *fuhr im Transportkorb im Gepäckwagen, und ich saß auf meinem Koffer im vollbesetzten Durchgang. Ich dachte nichts. Es war in mir nur eine dunkle Erwartung der Dinge, die uns noch bevorstanden. Dann kam die Kontrolle. Im Vollgefühl des guten Bürgergewissens zeigte jeder seine Kennkarte, und der Beamte drückte sich weiter durch. Es war gerade in Halle. Ich sah aus dem Fenster, da kam Adelheid in großer Hast vorbeigelaufen. Ich rief ihr zu «der Onkel kommt», aber sie wußte schon Bescheid. Den ganzen Rest der Fahrt war ich in banger Sorge, denn ich hörte und sah nichts mehr von ihr, bis wir in Berlin einfuhren. An der Sperre waren sie nicht. Ich ließ alle an mir vorüber, sie waren nicht dabei. Doch vor dem Bahnhof löste sich die Spannung: da standen sie und warteten. Der Beamte hatte sie übersehen. Auf einem Umsteigebahnhof der U-Bahn kam Werner uns entgegen, Adelheid hatte ihn telefonisch dorthin bestellt. Die Begrüßung war herzlich und doch die Stimmung gedrückt. Plötzlich sagte Adelheid:*

«Um Gottes willen, zieh den Mantel aus, da ist ja ganz deutlich die Stelle zu sehen, wo der Stern gesessen hat! Bist Du denn immer so herumgelaufen?» Er hatte das gar nicht gemerkt.

Vier Menschen in einem Raum von 4 x 4 mtr. zusammengedrängt, muß Spannungen ergeben. Das fühlten wir gleich am Anfang. Wir richteten uns ein, so gut es ging. Werner, der bis dahin die Nacht im Atelier verbracht hatte, mußte wieder zum Zausel zurück. Fräulein Cornell gab eine Matratze für Adelheid, und ich lag auf dem stark verbeulten Sofa. Für Schätzchen hatten wir zwei Korbstühle zusammengeschoben. Der Jockel schlief an meinem Fußende.

Über die Zeit bis August läßt sich nur sagen, daß sie voller Spannungen und Ängste war. Das Kind schrie häufig in der Nacht und lenkte die Aufmerksamkeit der übrigen Mieter auf unser Zusammenleben. Alarm brachte uns in zweifache Gefahr, da Adelheid und das Kind sich nachts im Keller nicht sehen lassen durften, da sie ja doch nicht offiziell bei mir wohnen sollten. Nahrungssorgen, gereizte Stimmungen, die sich einfach nicht immer unterdrücken ließen, brachten uns manchmal fast zur Verzweiflung. Eine Frau, die sich als Kommunistin ausgab, trat neu in Szene. Der Vaga hatte sie ausfindig gemacht, ihr unser Geheimnis anvertraut, und Adelheid kam eines Nachmittags freudestrahlend und erzählte von einem Angebot, das Kind in Pommern auf dem Land unterzubringen und den Eltern eine Wohnlaube zu verschaffen. «Fast zu schön, um wahr zu sein», sagte Adelheid, und das machte sie auch wieder mißtrauisch. Die Frau hatte ihr menschlich gar nicht gefallen, wirkte frech und brutal und hatte gleich die Frage der Bezahlung in den Vordergrund gerückt, auch gefragt, ob sie nicht andere Juden wüßte, die sich in der gleichen Lage befänden.

Schweren Herzens gaben die Eltern ihr Kind zu dieser Frau. Schon an demselben Abend sagte Adelheid, daß sie unter der Vorstellung litte, daß ihr Kind in schlechte Hände gekommen sei. Die Verabredung tagsdarauf, die der Besichtigung der Laube galt, verlief ebenso unbefriedigend. Es war nämlich außer Müllers niemand gekommen. Und als Adelheid sich des näheren über alles bei ihr erkundigen wollte, machte die Alte zuerst allerhand Ausflüchte und sagte schließlich, daß sie das Kind nicht behalten könnte, es hätte die ganze Nacht über geschrien und Nervenzucken bekommen, sie gab vor, sie hätte sogar den Arzt holen müssen. So nahm Adelheid das Kind wieder mit, aber das Geld und die Kleider, die ihr gleich im voraus abgefordert waren, gab die Alte nicht wieder heraus und drohte Adelheid, daß sie sie als Jüdin anzeigen würde, wenn sie nicht machte, daß sie fortkäme. Der Vaga, der in der Nähe beschäftigt war und den sie zu Hilfe rief, kam wutentbrannt in seiner Arbeitskleidung an, und da er noch viel energischer wurde, drohte sie, den alten «Juden», wie sie ihn nannte, gleich mit zur Polizei zu nehmen.

Da saß nun das arme Kleinchen wieder bei mir, immer in seiner Gegenwart wurde weiter über es verhandelt. Denn früher oder später mußte es durch seine schlecht zu verheimlichende Anwesenheit zu einer Katastrophe kommen. Auf der Reise zwar war es für die Mutter ein Schutz, aber jetzt, wo die ganze Familie unauffällig bei mir wohnen sollte, wurde es zur Gefahr. Schätzchen mußte wohl auch fühlen, daß wir etwas mit ihr vorhatten, denn sie wollte keinen von uns fortlassen. Wenn abends der Papa zum Zausel ging, wenn die Mama einmal fortmusste oder auch ich, denn ich war ihre «Tante», jedesmal gab's Geschrei. Was uns nur bestätigte, daß es so nicht bleiben konnte.

Und wieder suchten wir Gewißheit in der so ungewissen Mystik. Ein Astrologe, ein alter, erfahrener und kluger Mann, stellte ihnen das Horoskop und sagte, daß Werner «sich halten» könne, bis Mitte des nächsten Jahres, also 1944, dann müßte er «zwangsweise Deutschland verlassen». Adelheids Horoskop war schlechter als seines. Aber sie hätte «Glück im Unglück». Das Kind würde sie verlieren. Auch mir sagte er aus den Sternen: ich hätte in diesem Jahr dieselbe Konstellation wie sie und täte gut daran, mich von dieser Frau zu trennen, da sie mir nur Unglück bringen werde. Noch auf dem Heimweg, als er mich noch ein Stück begleitete, sagte er zu mir: «Danken Sie Ihrem Schöpfer, wenn Sie aus der Situation mit heiler Haut herauskönnen».

So schleppten wir uns weiter, bis im August 1943 die öffentlichen Aufforderungen an den Türen der Berliner Häuser zu lesen waren, alle nicht Berufstätigen sollten Berlin verlassen, da mit Großangriffen aus der Luft zu rechnen sei. Ich sah es als die beste Lösung an, wenn ich mit dem Kind wieder nach Büdingen führe, und die Deutung des Astrologen, der in dem Zusammenleben mit Adelheid eine große Gefahr für mich erblickte, bestärkte mich noch in diesem Entschluß. Ich fragte brieflich bei meinem Bruder an, ob er es für ratsam hielt, mit dem Kind allein nach Büdingen zu kommen. Er gab sofort seine Einwilligung, daß ich mit dem Kind der «armen ausgebombten Leute», wie er schrieb, nach Büdingen kommen möge. Er hatte diese Umschreibung gewählt, weil mit dem Öffnen eines Briefes durch die Zensur zu rechnen war. Bei den sich täglich mehrenden Evakuierten, die auf dem Land Zuflucht suchten, würde es weniger auffallen, wenn ich das Kind allein auf einige Zeit bei mir aufnähme. Und wir hofften wieder, daß der Krieg bald zu Ende sein werde, diesmal zu Weihnachten!

Es wurde nun wieder einmal gepackt. Und Müllers begleiteten uns zur Bahn. Auch Fräulein Cornell gab uns ein Stückchen Wegs das Geleit. Das Gedränge auf dem Bahnhof war fürchterlich. Adelheid und Werner mußten an der Sperre zurückbleiben; wegen Überfüllung gab es keine Bahnsteigkarten. Der Abschied war einfach und kurz, er schien uns nicht auf lange. Auch das Kind trennte sich diesmal leicht und ging ohne zu zögern mit. Wir kamen kaum vom Platz. An beiden Händen schwere Koffer. Mein Kater Jockel steckte im Rucksack, Schätzchen klammerte sich an einen Koffer. Alle paar Schritt mußten wir rasten. Der Zug sollte weit draußen einfahren. Ein Glücksumstand kam mir zu Hilfe, ohne den wir nicht mitgekommen wären: Ein junger Mann bot mir seine Hilfe an. Ich war zuerst mißtrauisch und lehnte dankend ab. Man kann sich schlecht vorstellen, daß einem ein Fremder wirklich selbstlos helfen will, wenn man sich allenthalben von einer feindlichen Welt umgeben sieht. Doch er schien es sich in den Kopf gesetzt zu haben, daß wir mitkommen sollten, denn als nach stundenlangem Warten der Zug einlief und die Menschen sich zu beiden Seiten an mir vorbeidrängten, jeder rücksichtslos auf sein eigenes Vorankommen bedacht, während ich in meiner Hilflosigkeit schon jede Hoffnung aufgegeben hatte, war derselbe junge Mann an meiner Seite und sagte: «Haben Sie keine Angst, ich helfe Ihnen», hob das Kind hinein, reichte mir das Gepäck nach, und ich kam im Gewühle nicht einmal dazu, ihn für seine Hilfe zu belohnen. Er schien das auch gar nicht erwartet zu haben. Nach mir drängte sich weiter die Menge in den Zug hinein, und vorne stockte es. Das Kind wurde fast erdrückt. Gewaltsam vorwärtsgeschoben kamen wir in dem Abteil «Für Mutter und Kind» zur Ruhe. Freilich waren dort auch keine Sitzplätze mehr vorhanden, aber ich nahm das Klappstühlchen, das ich bei mir hatte und setzte Schätzchen darauf. Gleich fing es an, sich für die ausgestandenen Schrecken mit Lutschen zu beruhigen. Auch dem Jockel wollte ich Erleichterung verschaffen, aber ich hatte ihn noch nicht zur Hälfte aus dem Rucksack gezogen, als sämtliche Weiber entsetzt vor mir zurückwichen, ihre Kinder an sich nahmen und mich mit empörtem Geschrei aufforderten, sofort den Kater wegzutun. So mußte der arme Jockel wieder in den Sack, nachdem er mit seinen großen grünen Augen gerade einmal angstvoll um sich geschaut hatte. Aber die besorgten Mütter waren nicht zu versöhnen. Ich mußte mich im Gang etablieren und fand gerade noch Platz genug, das Klappstühlchen unterzubringen. Das Kind auf dem Schoß, den Jockel zu Füßen, tief zwischen Koffern eingeklemmt, saß ich die ganze Nacht ohne zu schlafen und sah in das fahlblaue Licht an der Decke und durchs Fenster in die Dunkelheit hinaus. Das Kind schlief sorglos in meinem Arm.

«Müller Christiane» wollte gerade das Fräulein auf der Kartenstelle in Büdingen notieren. So hatte ich sie nämlich bei der Beschaffung der Reisemarken in Berlin genannt, und auf der Reiseerlaubnis war daher dieser Name erschienen. «Sie brauchen sie nicht in die Liste aufnehmen», sagte ich. «Das Kind hat Reisemarken». So fingen die Schwierigkeiten an, die ich von nun an ein Jahr lang hatte, um den Schein der Legalität aufrecht zu erhalten. Besonders im Milchgeschäft, wo ich doch täglich kaufte. Zwar gab mir meine Kusine Luise eine Magermilchkarte ab, ich bekam auch manchmal ein paar Reisemarken für Vollmilch geschickt oder auch geschenkt, doch blieben die Zuwendungen mangelhaft. Und so blieb mir nichts anderes übrig als zu sagen, das Kind vertrüge die Vollmilch schlecht. Wir überließen daher Bekannten, die sehr große Nahrungsmittelsorgen hätten, die Vollmilchkarten, erklärte ich jedem, der mich darüber befragte. Ähnlich erging es mir in allen Läden, und so mußte ich sehr häufig die Geschäfte wechseln, wo ich einkaufte. Alle die guten Sachen, zu denen die Lebensmittelkarten berechtigten, konnte sie nicht vertragen, insbesondere nicht Butter, nicht Fleisch noch Wurst, und ich ging sogar soweit, um den Schein aufrecht zu erhalten, daß ich ein Stückchen Wurst, das eine Metzgersfrau der Kleinen anbot, ablehnte. Vertragen konnte Schätzchen eigentlich nur Brennesselgemüse und Rohkost. Glücklicherweise liebte sie diese Ernährung und gedieh recht gut dabei. Nur die Butter, die sie wirklich schlecht entbehren konnte, bekam sie fast aus-

schließlich von mir, abgesehen von den Zuwendungen von Freunden und Verwandten, und deren waren bis dahin noch wenige, die Bescheid wußten. Der Jockel bekam bei dieser Rationierung allerdings ein dünnes Fell, denn irgendwie mußte es sich ja schließlich ausgleichen. Er hatte sich als Atelier-Kater nicht recht zum Mäusefänger entwickeln können.

Trotz aller Entbehrungen lebten wir einigermaßen sorgenfrei. Der Wald lieferte Pilze, die Wiesen und Wegeränder gaben uns Gemüse. Frühbirnen lasen wir unterwegs auf, Beeren gab es auch bald die Menge bei unseren Streifzügen durch Wald und Feld. Wenn das Kind müde war, trug ich es auf dem Rücken, wenn uns mal der Regen überraschte, saßen wir unter dem üppigen Laubdach oder im dichten Tannenunterholz. Dabei lehrte ich auch Schätzchen, sich an allen Geschöpfen zu freuen. Wir fanden Feldblumen, glänzend blaue Mistkäfer und zarte Schmetterlinge, die ich sie alle lieben und achten lehrte. Und Schätzchen hatte gute Tage.

Zugleich verband ich eine Absicht mit diesem Leben in Wald und Feld. Ich wollte möglichst wenig in Erscheinung treten mit diesem kleinen Menschenkind, das so sorglos dahinlebte inmitten einer haßerfüllten Welt, nur geschützt durch den hauchdünnen Schleier des Geheimnisses, der so leicht zerreißen konnte! Schätzchen aber war sehr geräuschvoll, wenn es im Hofe spielte, dazu außerordentlich schreckhaft und erregbar. Empfand sie in ihrem Unterbewusstsein, wie sehr sie von allen Seiten bedroht war? Von dem harmlosen Milchmann bis zu dem bösen Polizisten? Hatte sie diese Schreckhaftigkeit als Erfahrungsergebnis ihres kleinen Stückchens bewegter Vergangenheit in ihre Kinderseele aufgenommen? Wenn ich mich nur auf ganz kurze Zeit von ihr entfernen wollte, schrie sie sofort. «Kommst du wieder?», und die Leute im Hause erzählten mir jedesmal, daß sie sich nicht hätte beruhigen lassen wollen und immerfort nach ihrer Tante jammerte, in der sie ihren einzigen Halt und Schutz zu sehen schien. Und in unserem Hof, der der Tummelplatz aller Kinder im Umkreis war, erhob sich fast alle fünf Minuten Schätzchens ohrenzerreißendes Geschrei, welches zuerst das Mitleid mit dem «armen Kind», dann jedoch die Mißbilligung der Nachbarschaft zur Folge hatte. Die «Hanna» war bald rundum bekannt als notorische «Krischerin», und zwar unter dem Namen «Hanna», den sie von ihrem letzten Aufenthalt in Büdingen beibehalten hatte. Den Namen «Christiane» konnte ich, ohne aufzufallen, nicht mehr einführen.

Nach und nach fingen die Büdinger an, sich die Köpfe zu zerbrechen, wie ich wohl zu diesem Kind gekommen wäre. Ich hatte zwar überall erklärt, es sei ein evakuiertes Kind aus Berlin, doch das schien den Leuten nicht interessant genug. Sie suchten sich ihre eigenen Erklärungen. Man fing an zu munkeln, man fand sogar eine Ähnlichkeit zwischen dem Kind und mir; es kam erst zu Andeutungen, schließlich zu unumwundenen Fragen. Mein Vetter, der «Schmücke Heinrich», den Schätzchen den «Onkel Feuer» nannte, nahm mich mal beiseite, als ich mit dem Kind vor seiner Schmiede stand und sagte: «Nun gib's doch zu, es ist dein Kind». Mein jüngerer Bruder Herbert wurde bei einem Urlaub von seinem Freund gefragt: «Ist es wahr, daß ...», meine Kusine sagte: «Denk doch mal, Frau X meint ...». Ich erzählte daraufhin meinen Eltern, daß viele Leute «dächten» und «meinten». «Kein Wunder», sagte mein Vater, «laß dir endlich mal die Lebensmittelkarten schicken». Schon oft hatte mein Vater mir das angeraten, und jedesmal kam ich in die peinlichste Verlegenheit. So klärte ich schließlich auch meine Eltern auf, damit sie am Ende nicht auch noch «meinten ...». Ich hatte ihnen anfangs die Aufregung ersparen wollen, sie hatten andere Sorgen und Nöte genug. Ihre erste Bestürzung war freilich groß, doch nachdem sie sich von ihrem anfänglichen Schrecken etwas erholt hatten, verstanden sie mich und ich hatte nun auch an ihnen eine Stütze gefunden. Nun wurden wir öfter eingeladen, und Schätzchen bekam Sachen zu essen, die sie alle recht gut vertragen konnte! Auch des gelegentlichen Kaninchenbratens bei meiner Kusine Luise sei hier lobend Erwähnung getan. Schätzchen war so munter und wohlgenährt, daß man ihr gewiß nicht ansah, daß sie keine Lebensmittelkarten hatte, und die Verdächtigung, der ich nun mal trotz allem in dem ganzen Städtchen ausgesetzt war, ließ ich mir als willkommene Tarnung ganz gern gefallen. Zudem schien der einzige, der nie irgend etwas zu merken oder zu meinen den Anschein hatte, der gefürchtete hakennasige Polizist zu sein, obwohl ich ihm oft genug mit dem Kind an der Hand begegnete und aus Erfahrung wußte, daß er mir nicht sonderlich grün war. Aber die einzige, die mir sehr wohl etwas zu merken und auch zu meinen schien, war die einen Stock tiefer wohnende Frau C. Als ich einmal wegen einer Fußverletzung im Bett bleiben mußte, hatte sie das Kind für ein paar Nächte bei sich aufgenommen. Und sie schien einen scharfen Blick zu haben, denn was nicht jeder gemerkt hätte, fiel ihr auf. «Ich weiß nett», sagte sie, «wenn mer se so da im Bett liche sieht, kennt mehr grad meine, so e klei Juddemädche läch da». Ich hielt es für klüger nicht allzusehr zu widersprechen und sagte nur: «Ach, meine Se?»

Wir bekamen auch viel Pakete, die allerdings mehr Bücher und Kleider und einmal auch Werners beide Posaunen enthielten, aber es machte trotzdem einen guten Eindruck. Adelheid bezog fast ihre sämtlichen Lebensmittel aus der Apotheke, der einzigen Quelle markenfreier Eßwaren, und schickte uns oft als Beilagen in ihren Paketen Traubenzucker, Fenchelhonig oder irgendwelche vitaminhaltige Nährpräparate. Es muß sie allerhand Mühe gekostet haben, die Sachen ausfindig zu machen, aber Adelheid war rührig. Sie fand sogar Gelegenheit zum Geldverdienen. Als Modell in den Kunstschulen, später sogar als Statistin. Es gab trotz der bedrängten Lage, in der sie doch waren, gelegentlich Anlaß zum Lachen. Sie schrieb mir oft Briefe, in denen sie mit großer Lebendigkeit ihre Erlebnisse erzählte. An Führers Geburtstag hatte sie im «Lohengrin» als Statistin mitgewirkt, ein andermal, nach einem schweren Fliegerangriff, als keine Bahnen fuhren, hatte sie sich von einem SS-Offizier, den sie kurzerhand angerufen hatte, ein Stück im Auto mitnehmen lassen. Ich hatte oftmals meine Bedenken wegen ihrer Keckheit. Sie konnte ihren Tatendrang schlechter unterdrücken als Werner, der sich ganz im Verborgenen hielt. Bei einem Fliegerangriff allerdings, hatten sie beide durch ihr schnelles Zugreifen das Haus, das ihre einzige Zuflucht war, gerettet, indem sie eine Brandbombe noch rechtzeitig entdeckt und gelöscht hatten. Da stellte Werner seinen Mann, und alle Mieter waren des Lobes voll über Herrn Müllers Mut und Geistesgegenwart.

Schätzchen und ich lebten so allmählich in den Herbst hinein. Wir fanden Champignons in den Wiesen und nahmen nebenbei auch Äpfel mit, die reichlich und lockend im Grase lagen. Wir lebten wie die Vöglein unter dem Himmel, denn Vorräte konnten wir uns keine zulegen, und so gehörte uns ganz die Gegenwart. Und der Winter kam und ging, ohne daß wir Schaden nahmen. Aber Müllers Briefe wurden sehnsüchtiger. Ich hatte ihnen eine Porträt-Zeichnung von dem Kind gemacht, und ihr Verlangen, Schätzchen wiederzusehen, wurde stärker. Auch mir nötigte jeder Tag, der verging, Seufzer der Ungeduld ab. Zur Kinderfrau habe ich weder Talent noch Neigung, und ich tat mir ständig Gewalt an, meine Natur zu unterdrücken. Das konnte sich dabei auch nicht recht entwickeln, denn seelisch mußte ihm trotz meiner Besorgtheit etwas fehlen: die Mutterliebe, die ich doch nicht restlos ersetzen konnte. Ich wußte, es litt darunter, konnte es aber nicht ändern. Erst als der Frühling 1944 kam, wurde uns beiden wohler.

In Berlin waren indessen einige Veränderungen eingetreten. Werner war genötigt gewesen, ganz in mein Atelier einzuziehen, denn Vagas Wohnung war ausgebrannt. Seine geliebten Radiosachen waren mitverbrannt, und der arme Zausel war bei seiner schnellen Flucht in den Keller die Treppe hinuntergestürzt und im Krankenhaus gestorben. Der Vaga wohnte nun bei seinem Chef, hatte sich aber offiziell als Untermieter bei mir angemeldet, um Müllers mit seinem Namen zu decken. Nun war es fraglich, ob dieser Name bei Vagas abenteuerlicher Erscheinung wirklich ein Schutz für Müllers war. Nachträglich muß ich sagen, es wäre sicher besser gewesen, wenn er es unterlassen hätte. Fräulein Cornell warnte mich sogar und teilte mir mit, daß die Portiersfrau sie gefragt hätte, wer denn nun eigentlich alles «da oben» wohnte. Aber Müllers wollten meine Bedenken, die durch Fräulein Cornells Mitteilung entstanden waren, nicht wissen. Trotzdem hatte mich diese Mitteilung in große Unruhe versetzt. Bis dahin hatte alles ganz legal erscheinen können. Die Müllers waren gutgekleidete, ruhige, bürgerlich aussehende Menschen. Nun trat der recht unbürgerlich wirkende Vaga als Untermieter in Erscheinung, ohne jedoch zu wohnen. Und es ist in einem solchen Falle nicht gut, wenn eine Portiersfrau erst «aufmerksam» wird.

Wir gingen nun zum zweiten Mal dem Sommer entgegen und wieder ein paar Menschen wurden in dieses Geschehen hineingezogen. Ich suchte zwar immer instinktiv nach Verbündeten, ließ mich aber dennoch passiv treiben und nahm nur das, was mir das Schicksal oder, wenn's beliebt, der Zufall bot.

So saß ich einmal an einem heißen Tag mit Schätzchen im «Café Hell», um Eis zu essen. Wir saßen an einem ungemütlichen Platz, so recht auf dem Präsentierteller. Da hörte ich meinen Namen rufen. Eine Dame, die ich bis dahin nur oberflächlich gekannt hatte, mit der ich mich aber immer freundlich grüßte, lud mich ein, an ihren Tisch zu kommen. Es war Frau Besserer, geborene Brun, französischer Abkunft, und sie stellte mich ihrer Tochter, Frau

Lotte Störkel und ihren drei Kindern vor. In ihrer gemütlichen Ecke saßen wir nun beisammen und aßen eine Portion Eis nach der anderen. Schließlich luden mich die beiden Damen ein, mit ihnen nach Michelau, einem kleinen Dörfchen bei Büdingen, zu kommen, wo sie ein paar Zimmer in einem Bauernhause bewohnten. Ich packte eilig ein paar Kleider zusammen, und wir machten uns auf den Weg. Ein Lastauto nahm uns mit, und so brauchte Schätzchen nicht zu Fuß zu gehen oder getragen zu werden.

Am Morgen nach der ersten Nacht hatte ich dort ein eigenartiges Erlebnis. Ich muß es mitteilen, obwohl ich Bedenken habe, es könne für eine Halluzination gehalten werden. Ich erwachte plötzlich durch eine deutlich vernehmbare Flüsterstimme. Ganz nahe an meinem Ohr hörte ich es sagen: «Du hast die Prüfung bestanden». Ich war sofort hell wach und sah erstaunt um mich. Es war heller Morgen. – Mag jeder davon halten, was er will, ein Traum war es jedenfalls nicht, davon war ich sofort überzeugt. Nur konnte ich nicht begreifen, wieso ich die «Prüfung bestanden» haben sollte. Denn nichts deutete auf eine baldige Lösung hin. Ich teilte mich der jungen Frau mit, die mit mir den Glauben an übersinnliche Dinge teilte, und fand sofort Verständnis bei ihr, sowohl für die Erscheinung, die ich gehabt hatte, als auch für meine Gesamtlage, von der ich sie natürlich gleichzeitig auch in Kenntnis gesetzt hatte. Später zog ich auch ihre Mutter und ihre jüngere Schwester Irmgard ins Vertrauen und fand gute Verbündete an ihnen.

Wenn es nun auch so schien, als ob alles im gleichen Trott weitergehen sollte wie bisher, so kam doch unbegreiflich schnell eine Wendung der Ereignisse, und dies bestärkte mich noch in der Meinung, daß die Stimme, die ich in der Frühe in mein schlafendes Ohr, aber zu meiner wachen Seele sprechen gehört hatte, eine Lösung ankündigen wollte. Zwar schienen die nachfolgenden Ereignisse nur zu einer noch größeren Verwicklung zu führen, doch brachten sie unerwarteterweise eine Lösung, wenigstens soweit es die Rettung des Kindes betrifft.

Das Attentat am 20. Juli 1944 war auch für uns ein Wendepunkt, ein schlimmer Wendepunkt! Hoffnung flammte auf, als ich es erfuhr. Hoffnung, wie sie viele hatten, aber nicht laut werden lassen durften. – Einige Tage ohne Nachricht von Familie Müller war keine Seltenheit. Ich war auch nie sehr in Sorge deshalb. Doch diesesmal, gleich nach dem 20., befiel mich eine innere Unruhe, die sich steigerte, je länger ich auf Nachricht warten mußte. Ich schrieb an Vagas Freundin Hanni. Ich war mir so sicher, daß etwas vorgefallen sein müßte, daß ich sie bat, etwa für mich eingegangene Briefe aus dem Briefkasten zu nehmen. Auch eine andere Bekannte bat ich, mal nach der Wohnung zu sehen. Fräulein Cornell war schon seit längerer Zeit in Norwegen auf Wehrmachtstournee, so daß ich mich an sie nicht wenden konnte. Einige Tage später kamen beide Antworten. Mir schwankte der Boden unter den Füßen, als ich in der Frühe Hannis Mitteilungen las: sie sei in großer Sorge, Müllers seien zu einer Verabredung nicht gekommen und seitdem nicht mehr zu erreichen gewesen, obwohl sie alle Tage einige Male bei ihnen angerufen hätte. Zugleich wäre auch der Vaga verschwunden. Die zweite Nachricht war noch eindeutiger: Meine Wohnung sei polizeilich geschlossen. Weiter nichts. Aber das besagte ja wohl genug. Ich muß gestehen, daß zu meinem Kummer und meiner Sorge um das Befinden meiner Freunde ein großer Teil Angst um mich selber kam. Ich ging den ganzen Tag herum wie im Traum. Ich teilte meinen Kummer den wenigen Freunden mit, die in die Sache eingeweiht waren, aber keiner konnte mir helfen. Ähnlich muß es einem hoffnungslos Hinsterbenden sein, der die Gesunden wie durch einen Nebel sieht und um Rettung anfleht. Ihre teilnehmenden Gesichter helfen ihm nicht aus seinem unglücklichen Körper heraus. Ich fühlte mich ausgeschieden und verlassen.

Dann nahm ich den Kampf auf. Ich entfernte die Bilder von Adelheid und Werner von der Wand über Schätzchens Bett, wo sie mir nie so ganz recht gewesen waren, und suchte alle noch übrigen Briefe zusammen und verbrannte sie. Ich schrieb einige für die Zensur berechneten Briefe nach allen Richtungen, auch an Müllers in meine Wohnung, wo sie ja nun leider nicht mehr waren! Ich rannte im Wald herum, in wilden Selbstgesprächen mir Luft machend, zwei schlaflose Nächte hindurch stellte ich Verhöre mit mir an, indem ich mir vorstellte, was man mich bei Gericht oder Gestapo fragen und was ich antworten würde. Am dritten Tag fuhr ich nach Frankfurt und rief meinen Bruder an, der damals in Neu-Isenburg als Dolmetscher bei einem Bataillon italienischer Internierter tätig war. Abgehetzt und in Schweiß gebadet kam er im Café Rumpelmayer an, wo wir uns verabredet hatten; es war ihm nicht leicht gefallen, von seinem Major für diese Fahrt nach Frankfurt frei zu bekommen. Aber er wußte, worum es ging. Ich hatte ihm gesagt, daß mit den Klein-Plastiken etwas nicht stimmte. Das war das Deckwort für die Familie Müller.

Mein Bruder Albrecht war inzwischen schon dreimal wieder in Berlin gewesen. Ob Druckvorschriften, Briefformulare für die Internierten bei der italienischen Botschaft zu besorgen waren, ob eine Achse für einen LKW in Dahme-Müncheberg abzuholen war, stets hatte er eine Dienstreise ermöglicht, die ihn nach Berlin oder über Berlin führte, und er hatte nicht versäumt, seine Marschportion und ein paar ersparte Urlauber-Karten den außerbehördlich Lebenden zur Verfügung zu stellen. Seit seiner letzten Reise hatte ich ihn nicht mehr gesehen. Aber ehe er mir ausführlicher davon berichten konnte, hatten wir uns mit der neugeschaffenen Lage zu beschäftigen. Er war natürlich bestürzt. Bei dieser Lage der Dinge, meinte er, müsse ich natürlich täglich und stündlich damit rechnen, von der Gestapo abgeholt zu werden. Sollte sie mich erwischen, so schärfte er mir ein, mich «bis zur letzten Galgensprosse» nicht zu einem Geständnis bewegen zu lassen. Nie dürfe ich zugeben, Juden verborgen gehalten zu haben; für mich hätten sie nur ausgebombte Leute zu sein, denen ich meine Hilfe angeboten hätte. Vor allem möge ich zusehen, mich nicht erwischen zu lassen, bei Annäherung einer Gefahr solle ich sofort nach Neu-Isenburg zu entkommen suchen, oder auch, mitsamt dem Kind, mich zu Frau Käthe Will nach Alsfeld zu begeben, wo ich mit seiner Empfehlung bestimmt auf Hilfe rechnen könne. Eingeweiht sei diese Frau schon von ihm.

Er hatte im übrigen gewußt, daß er mir sehr viel nützliche Ratschläge, außer solchen für eine notwendig werdende Flucht, nicht werde erteilen können. Und er kannte meine Sorgen, die ja zum größten Teil auch die seinen waren. So hatte er wohl des Spruches gedacht «Wer Sorgen hat, hat auch Likör», und hatte einen halben Liter reinen Alkohol mitgebracht, den wir uns in den mageren Kaffee gossen, um uns über die Situation hinwegzuhelfen. – Und dann erzählte er mir von seinem letzten Besuch, über den ich bis dahin nur eine flüchtige briefliche Mitteilung erhalten hatte.

«Es war ein Erlebnis besonderer Art», sagte er, «unsäglich eindrucksvoll und unsäglich traurig. Mein erster Weg war zu «Krümelchen», unserer etwas klein geratenen treuen Freundin in der Kluckstraße 15 [in Berlin, P.B.].

Von dort aus wollte ich 886912 anrufen. Krümelchen sagte mir, daß ich von dort aus nur Antwort bekäme, wenn ich eine geheime Abmachung beachte: dreimal ein Rufzeichen abwarten, dann jeweils sofort wieder einhängen, und nach einer halben Minute wieder anrufen. Ich verfuhr so und tatsächlich meldete sich «Hier 886912»! Ich sprach lange mit Werner Müller. Aber du weißt ja alles von seinem Leben in dieser Zeit. Nur ein Wort von ihm will ich dir sagen, das ich nie vergessen werde: «Jeder Tag ist ein Geschenk». Es war mir, als spräche eine Stimme aus einer anderen Welt. Denn ich möge ja nicht nach der Taunusstraße 4 in Friedenau kommen, hatte er gewünscht. So habe ich Krümelchen die paar Dinge hinterlassen, die ich lieber selbst überreicht hätte.

Günstigerweise ergebe (s)ich gerade in den nächsten Tagen wieder die Möglichkeit einer Dienstreise nach Berlin, sagte mein Bruder, und er werde sich bemühen, alles Wissenswerte festzustellen. Dabei mußten wir uns beruhigen, und obwohl etwas Positives bei unserer Aussprache nicht hatte herauskommen können, ging ich doch recht wesentlich erleichtert zum Bahnhof, wohin mich mein Bruder begleitete.

Schätzchen war inzwischen bei Lotte Störkel in Michelau und sollte auf alle Fälle dort noch eine Weile bleiben. Von dort aus hätte ich sie im äußersten Falle auf dem mir von meinem Bruder beschrieben Wege mit nach Alsfeld nehmen können.

Von Müllers kamen nun keine Nachrichten mehr. Wenn ich zur Post ging, um meine Briefe abzuholen, geschah es immer mit einem inneren Bangen, da ich täglich eine Vorladung erwartete. Aber es kam nichts. Ich bewegte mich so unbefangen wie möglich. Als ich nach ein paar Wochen wieder etwas im Gleichgewicht war, fuhr ich nach Hanau. Zu der alten Tante Dedi, die früher Hausangestellte bei ihrer [Adelheids, P.B.] *Mutter war und sie mit großgezogen hatte. Ich hatte sie schon manchmal in ihrer kleinen sauberen Wohnung aufgesucht. Sie hielt immer noch treu zur Familie und hatte schon oft Schätzchens Kleider ausgebessert und uns mit Lebensmitteln unterstützt. Das gute alte Weiblein, das schon recht altersschwach war, war ganz in Ängsten aufgelöst, als ich zu ihr kam. Sie hatte sich kaum von dem Schrecken etwas erholt, den ihr meine Mitteilung vor einigen Wochen eingejagt hatte, als nun plötzlich eine Vorladung von der Gestapo an sie ergangen war. Sie erzählte mir, daß man sie dort gefragt hätte, ob sich in der letzten Zeit Frau Müller bei ihr aufgehalten habe. Trotz ihres armen alten Kopfes hat sich die gute Tante Dedi eine gewisse Bauernschlauheit bewahrt. Sie hatte ausgesagt, sie wisse überhaupt nichts von Müllers, und gefragt, was denn gegen sie vorläge. Sie seien nicht gemeldet, hatte die Antwort gelautet. Trotz dieses harmlos klingenden Bescheids hatte Tante Dedi wohl empfunden, daß irgend etwas Teuflisches dahinter lauere, und es war nichts aus ihr herauszubringen gewesen. Ich jedoch schöpfte neue Hoffnung: Sollten sie sie etwa suchen? Dann ginge ja daraus hervor, daß sie sie nicht hätten! Aber leider schien es ein Trugschluß gewesen zu sein. Denn inzwischen war mein Bruder von seiner erneuten Berliner Reise zurückgekehrt und berichtete:*

«Krümelchen hat mich über alles orientiert», sagt er. Sie war auf deine Bitte hin nach deiner Wohnung gegangen und hatte dem Portier vorsichtshalber erst einmal nach Franz Streit gefragt. Der wohne nicht hier, habe der Portier gesagt, der sei nur hier gemeldet. Und Müllers seien von der Gestapo abgeholt worden. «Kommen Sie mal mit», habe der Kerl von der Gestapo zu Müllers gesagt, «wir wollen ein bißchen spazieren gehen». Und «die kommen nicht mehr wieder», habe er zu den Portiersleuten gesagt, die der Szene beigewohnt hätten. Dann bin ich in die Westfälische Straße 67 in den dritten Stock gegangen und habe nach der Hanni Pfeifer gesucht, Vagas Freundin. Ich habe fast drei Stunden vor der verschlossenen Tür auf der Straße gewartet, sie war nicht zu erreichen. Ob sie mit verhaftet worden ist? Ich konnte es nicht ausmachen».

So hatte ich allmählich alle Illusionen verloren. Ich suchte die Vorstellung von mir abzukehren, wie es den armen Menschen zumute gewesen sein mochte, als sie diesen kaltschnäuzigen Verbrechern ohne Seele hatten folgen müssen. Und trotzdem kann ich bis zum heutigen Tage die Gedanken nicht von mir fernhalten, die mich immer wieder zu diesem entsetzlichen Geschehen zurückführen. Und mir blieb nur die einzige Hoffnung, daß mir wenigstens die Rettung des Kindes gelingen möge. Ich tat nun wieder so unbefangen wie irgend möglich, nur erzählte ich im Haus, Müllers seien anscheinend bei einem Fliegerangriff verunglückt, ich hörte nichts mehr von ihnen. Einmal jedoch, als ich vom abendlichen Spaziergang durch die Felder heimkam und, noch ganz erfüllt von neblicher Weite und Abendsonnenglanz, hinaufgehen wollte in mein Zimmer, hielt mich Frau G. an und sagte, ein Herr wäre dagewesen, der mich hätte verhaften wollen. Ich merkte, wie ich blaß wurde. «Ei», sagte sie, «da sieht man das schlechte Gewissen. Wenn man ein gutes Gewissen hat, braucht man sich nicht zu erschrecken». «Nun», sagte ich, «wer hat jetzt nicht ein schlechtes Gewissen?» Aber es schien ihr Spaß zu machen, mich noch ein bißchen weiter auf die Folter zu spannen. Ich merkte, daß sie etwas ahnen mußte. Doch dann klärte sie mich dahin auf, daß es nur ein Herr vom Arbeitsamt gewesen wäre, der zu mir gewollt hätte.

Das Arbeitsamt schwebte schon lange als Damoklesschwert über meinem Haupte. Wo hätte ich das Kind unterbringen sollen, wenn man mich zu einer Arbeitsleistung verpflichtet hätte? Ohne Lebensmittelkarten? Schon daß seine Schuhchen anfingen zu klein zu werden, machte mir Sorge. Kleider lassen sich verlängern, Schuhe nicht.

Nun, der Arbeitseinsatz war ja noch nicht akut. Doch da kam das Unheil von einer ganz anderen Seite. Lotte Störkel brachte Schätzchen von Michelau zurück. Sie hatte rote Placken am Körper und fieberte, ich mußte den Arzt holen. Schon einige Male war Schätzchen krank gewesen, an schwerem Bronchialkatarrh, und ich flehte den Himmel an, daß es nicht in ein Krankenhaus müßte. Wie wäre es mit der Anmeldung gewesen? Wie mit den Lebensmittelkarten? Dann wäre doch unvermeidlich herausgekommen, daß das Kind schon seit einem Jahr ohne Anmeldung bei mir gewohnt hatte. Bei ihrer ersten Erkrankung hatte sie sich besonders unbärdig benommen, und das ganze Haus war zusammengelaufen. Man sagte, das könne ja Lungenentzündung sein, drängte mich, das Kind in ein Krankenhaus zu bringen und gab mir den Rat, die NSV-Schwester herauszuholen, die gerade bei einem kranken Kind im Hause sei. Ich wehrte mit Händen und Füßen ab und Schätzchen wurde wieder gesund ohne ärztliche Hilfe.

Diesmal war ich überzeugt, daß wir um das Krankenhaus nicht herumkämen. Ich war völlig verzweifelt. Lotte Störkel bot mir zwar eine von ihren Kinderkarten an, doch nahm sie mir durch ihre Hilfsbereitschaft nicht die Sorge ab: ich fürchtete die Öffentlichkeit wie die Pest. Aber es blieb mir keine andere Wahl. Ich bestellte Dr. B. Als er kam, hatten die Placken schon etwas nachgelassen. Er besah Schätzchen von allen Seiten und von oben bis unten (dabei kam mir plötzlich zum Bewußtsein, daß ich glücklich sein konnte, daß Schätzchen kein Knabe war ...); aber er besah nicht nur Schätzchen, sondern auch meine etwas bohèmemäßig eingerichtete Behelfswohnung, die ihm gar nicht zu gefallen schien. Und was er dabei festzustellen schien, sollte ich bald erfahren. Denn einige Tage danach, als ich noch im verspäteten Morgenschlummer lag, klopfte es. Zwei Damen vom Jugendamt standen vor der Tür. Ich war so verblüfft, daß ich sie gleich eintreten ließ, indem ich mich entschuldigte, daß ich noch im Schlafanzug war. «O, das macht gar nichts», sagten die Damen vom Jugendamt, «nur gut, daß wir Sie überhaupt antreffen». Sie stolzierten herein und machten sich sofort über Schätzchen her. Schwester Erna setzte sich auf den Bettrand und fragte: «Wie heißt du denn?» Schätzchen lächelte und schwieg. «Sie heißt Christiane Müller», sagte ich mit trockenem Munde. Ich verstand auf einmal, den Berliner Ausdruck «Mir bleibt die Spucke weg». «Ist das Kind ehelich?» fragte Schwester Erna weiter. Ich bejahte. «Wo sind die Eltern des Kindes?» – «In Berlin». – «Wohnung?» «Ja, das weiß ich nicht». – «Das wissen Sie nicht? Aber Sie müssen doch wissen, wo die Eltern wohnen». Sie sah mich an mit kalt-inquisitorischem Blick. Doch mußte sie zu mir aufsehen, da sie saß. Es gibt einem immer ein Gefühl der Überlegenheit, wenn man auf den anderen herabsehen kann. «Also: Christiane Müller aus Groß-Berlin». – «So ungefähr», sagte ich. «Übrigens klingt das ja wie ein Verhör». «Das ist es auch», sagte Schwester Erna. «Wer hat sie denn dazu beauftragt?» – «Herr Dr. B.» Ich sah auf Schwester Erna hernieder und dachte, so klug wie du bin ich auch. Ich hatte mich nicht umsonst zwei schlaflose Nächte lang selber verhört und erzählte den beiden Damen die Geschichte von den ausgebombten Eltern, die aus Köln stammten und ohne feste Wohnung wären. Wo sie wohnten, wüßte ich nicht, die Korrespondenz ginge über meine Berliner Adresse. «Wie ist es mit den Lebensmittelkarten», fragte sie. «Nun, Reisemarken und Pakete; in der letzten Zeit allerdings sind die Eltern verschollen und wohl bei einem Bombenangriff ums Leben gekommen». – «Ist es denn polizeilich gemeldet?» Ich machte das dümmste Gesicht, das mir zur Verfügung stand. «Nein», sagte ich, «muß man denn so ein kleines Kind auch anmelden?» Die andere Dame, die sich bis da hin neutral verhalten hatte, heulte fast: «Um Gottes willen, Sie machen sich ja strafbar». Ich stellte mich, soweit möglich, noch dümmer. «Was für eine Strafe steht denn darauf», fragte ich zitternd, «komme ich ins Gefängnis?»

Fräulein D., die Dame in Zivil, schien Mitleid mit mir zu haben. «Ach, gehen Sie doch einfach zum Landratsamt und sagen Sie dort alles, wie es ist», riet sie mir, «und schreiben Sie auch sofort an das Berliner Meldeamt, um die Adresse der Eltern ausfindig zu machen». Dieser Vorschlag hatte einen Hauch von Menschlichkeit, und für einen Augenblick schoß es mir durch den Sinn: das sind doch auch Frauen! Ob ich es ihnen nicht wahrheitsgemäß sagen könnte? Da fiel mir ein, wie mir mein Bruder in Frankfurt warnend gesagt hatte, mich durch nichts bewegen zu lassen, das Geringste zu gestehen, und ich war wieder fest. Wenn man es in diesem Staat mit Beamten zu tun hatte, durfte man nie vergessen, was hinter diesen Beamten stand: der Moloch des nationalsozialistischen Staates.

Sie führten Schätzchen fort, obwohl sie noch gar nicht vollkommen gesund war. Sie sollte zu Petzolds «Kinderheim Frohkind», das sehr schön am sogenannten Wilden Stein lag, aber schon etwa 70 Kinder barg. Ein weiterer Zuwachs war bestimmt weder erwünscht noch für alle Teile von Nutzen. Ich stand am Fenster und sah ihr nach, wie sie da ahnungslos hinging, geführt von den beiden wohltätigen Damen, und ich vergaß die Angst um mich selbst, warf mich aufs Bett und weinte und betete aus tiefstem Herzensgrund, daß Gott das kleine verlassene Ding beschützen möge.

Schätzchens Kleider und Wäsche waren noch zum großen Teil in Michelau. Ich mußte sie holen gehen, um sie nach dem Kinderheim zu bringen. Wie war ich doch schon mit den verschiedensten Empfindungen diesen schönen Waldweg gegangen! Einmal froh und hoffnungsvoll, um das Kind dort zu besuchen, dann wieder voller Herzensangst, Erleichterung in einer Aussprache suchend, und nun um dieses letzte Ereignis mitzuteilen, von dem ich wenig Heil und Segen erwartete. Die beiden Frauen sprachen mir Mut zu und fühlten mit mir, und das tat wohl. Nur ungern trat ich mit den beiden Köfferchen den Heimweg an. Zurück zu müssen, wo man mich erreichen konnte, einsetzen oder verhaften konnte, ganz nach Belieben. Wie still war der Wald um mich her. Ich wünschte, da bleiben zu können. Ich legte mich ins Gras am Weg, wohin warm und still die Sonne schien und blickte durch die Halme, sah zu den Baumkronen hinaus und wünschte, mich in ein Bäumchen verwandeln zu können und festzuwachsen da. Im Augenblick kam mir ernüchternd ein Verschen vom Weiß Ferdl in den Sinn: «Ein NS-

Tannenbäumchen stand in einem NS-Tannenwald, es war organisiert, es war im NS-Tannenbund, damit ihm nichts passiert ...».

Und ich ging weiter. Eine kleine Meise begleitete mich eine Weile, mit leisem Gezwitscher von Ast zu Ast hüpfend, der blecherne Griff des einen Köfferchens quietschte bei jedem Schritt, vielleicht lockte das das Vögelchen an. Und sonst war's stille. Noch ein paarmal setzte ich mich, ohne mich zum Weitergehen aufraffen zu können und beneidete alle die Wesen um mich her, die mit allen diesen schrecklichen Dingen nichts zu tun hatten.

Einige Male noch suchten mich die Damen vom Jugendamt auf, mit teils offensichtlich berechtigten, teils, wie mir schien höchst unberechtigten, indiskreten Fragen, wie etwa: meine Einkünfte in Berlin. Doch ich sagte ihnen alles, was sie wissen wollten, und noch mehr dazu. Die Damen sahen sich gegenseitig an, schüttelten die Köpfe, da sie sich so manches nicht erklären konnten, hielten mich für nicht ganz zurechnungsfähig oder sonstwie verdächtig und gingen wieder, um weniges klüger als sie gekommen waren. Ich hatte auch, wie versprochen, an das Berliner Polizeiamt geschrieben und um Auskunft gebeten, doch merkwürdigerweise schien sich die dortige Meldestelle gar nicht für den Fall zu interessieren. Ich erhielt keine Antwort. Auch wurde ich vorgeladen. Ein Herr auf dem Landratsamt verhörte mich. Ich hatte mich vorsorglich stark geschminkt, um einem eventuellen Erblassen vorzubeugen und übergoß ihn gleich am Anfang mit teilnehmend klingenden Fragen, wie etwa: «Haben S i e etwa Nachricht über das Verbleiben der Eltern?» Aber der Mann war wohlwollend und notierte das wenige, was ich zu wissen vorgab, und entließ mich wieder.

Und dann kam der Arbeitseinsatz. Immerhin hatten mir die Damen die Sorge um das Kind, Kost und Kleidung betreffend, abgenommen. Und ich sagte ihnen das auch ganz offen. Sie schienen davon peinlich berührt zu sein.

So nahm die NSV ein kleines jüdisches Mädchen auf, ein wahrscheinlich einzig dastehender Fall im Reiche Adolf Hitlers.

Den ganzen Herbst und Winter über war die «Christiane Müller» im Kinderheim, bekam zu Weihnachten neue Schuhe und Kleidchen, hatte alles wie die anderen Kinder auch, und die NSV zahlte dafür.

Herr Petzold piesackte mich noch eine Weile mit Fragen nach den Lebensmittelkarten und nach irgendwelchen Nachrichten von den Eltern, bei den wenigen Besuchen, die ich machte, denn ich war von morgens bis abends in der Munitionsfabrik Messer & Co. und konnte selten kommen. Doch auch das hörte schließlich auf. Frau Petzold versicherte mir gleich am Anfang, daß mir von ihrer Seite nichts in den Weg gelegt wurde, da sie mir anzumerken schien, daß ich mich irgendwie belastet fühlte. Nur noch einmal grollte es wie abziehendes Gewitter. Meine Mieterin, die mittlerweile von ihrer Wehrmachtstournee durch Norwegen zurückgekehrt war und bei der Polizei die Freigabe der Wohnung durchgesetzt hatte, schrieb, daß im Dezember 1944 zwei Herren von der Gestapo dagewesen wären, und sie gefragt hätten, ob sie etwas über den Verbleib des Franz Streit wisse. Der Vaga war ihnen also anscheinend nicht in die Hände gefallen. Und dann hätten sie noch gefragt, wie alt das Kind Müller schätzungsweise sei. Da mich aber diese Nachricht durch Postverzögerung erst im Februar erreichte, war der Schreck nicht allzu groß.

Erst als die Panzer der Amerikaner eingerollt waren, erfuhr ich, daß die Gestapo schon monatelang hinter dem Kind her war. Ob irgendwelche Ermittlungen noch nicht abgeschlossen waren? Ob sie sich bei dem alltäglichen Namen Müller über die Identität nicht im Klaren waren? Jedenfalls hing ganz gewiß Hannas Schicksal an einem seidenen Fädchen, vielleicht hätte es sich noch um Wochen oder nur um Tage gehandelt, und sie wäre verloren gewesen. Sie – und auch ich, und vielleicht der eine oder andere der Nächstbeteiligten …

Es ist mir heute unverständlich und ist tatsächlich ein Rätsel in der ganzen Geschichte, warum die Gestapo, die die Beschlagnahme meiner Berliner Wohnung veranlaßt hatte, die also auch schon nach der Kleinen gefahndet hatte, mich in Ruhe gelassen hat. War vielleicht ein Brief verloren gegangen, der meine Verhaftung bedeutet hätte? Waren durch einen Bombenangriff auf Berlin irgendwelche Unterlagen vernichtet worden, sodaß man meine Büdinger Adresse verloren hatte?

Jedenfalls überlebten Schätzchen und ich unbehelligt die Zeit bis zum Karfreitag 1945, an dem die Kolonnen der Amerikaner durch unser unversehrt gebliebenes Städtchen fuhren, als die Bevölkerung unseres «Verrätergaues» aufatmete und sogar ein mir nahestehender alter Herr, der einmal ganz früher selbst Nazi gewesen war, die Worte fand, es sei einem gerade, als habe man einen dreckigen Rock ausgezogen. Tagsdarauf machte ich die Bekannt-

Bahnhofstrasse 19 in Büdingen. Wohnung von Hedwig Wittekind und das erste Versteck des Mädchens.

Das «Kinderheim Frohkind» in Büdingen, Am Wildenstein 24, seit August 1944 der zweite Aufenthalt des Mädchens.

schaft einer Musiklehrerin, die mir zu meiner größten Überraschung mitteilte, daß man «in internsten Kreisen» seit längerer Zeit von allem unterrichtet war und damit rechnete, daß Hanna in aller Kürze abgeholt werde. Und als ich sofort zu Herrn Petzold rannte, um mich zu erkundigen, ob denn Schätzchen nicht noch in letzter Minute abgeholt worden sei und als erstes rief: «Ist das Kind noch bei Ihnen», erfuhr ich dort, sie hätten schon seit Wochen Aufforderungen aus Berlin und Frankfurt erhalten, das Kind abzuliefern und es wäre nur eine Frage kurzer Zeit gewesen, daß die Gestapo es weggeholt hätte.

Da fiel mir der Satz ein, den Goebbels einmal ausgesprochen hatte, wenn sie von der Bühne abtreten müßten, würden sie die Tür hinter sich zuschlagen, daß die Welt erzitterte. Und ich sah es wie im Bilde vor mir, wie die Tür hinter einem Weltgeschehen mit einem Knall ins Schloß fiel, und wie gerade noch durch einen letzten Spalt ein kleines 5jähriges Mädchen hindurchhuschte.

Ich holte mir nun Schätzchen wieder. Ein ganz so großer Schreihals ist sie nun nicht mehr. Sie hat allerhand gelernt, dadurch, daß sie sich an die vielen Kinder in dem Heim hatte gewöhnen müssen. – Aber ihre Eltern? Was mag aus ihnen geworden sein? Ist noch Hoffnung? Wenn das Horoskopstellen nicht lauter Charlatanerie ist, müßten Müllers im Herbst 1944, wenn sie bis dahin noch durchgekommen sind, ein besseres Schicksal gehabt haben, als man nach den Umständen wohl annehmen müßte. Denn zum Herbst, so prophezeite uns Werner, hätten wir alle eine gute Konstellation, und Jupiter, der uns so lange vor dem Schlimmsten bewahrt habe, würde noch lange schützend über uns stehen. Hoffen wir, daß er recht hat, nachdem es sich an Schätzchen und mir in so wunderbarer Weise bestätigt hat. Denn nur ein guter Stern hatte uns damals retten können, als schon alles verloren schien.

Büdingen – ein Hort für Kinder

Als Hedwig Wittekind mit Hanna im August 1943 nach Büdingen kam, war jüdisches Leben in den Köpfen der Büdinger nicht mehr präsent, denn die Nationalsozialisten in Büdingen hatten umgehend auf die reichsweite Machtübernahme reagiert. Sie versuchten, in die Häuser der jüdischen Bürger einzudringen und sie mit Macht aus ihren Wohnungen und der Stadt zu vertreiben. Dies geschah in der Nacht vom 15. auf den 16. März 1933. Anhand einer Liste und unter einem Vorwand wollten sie auf die Wohnung der jüdischen Familie Bornheim zustürmen. Nachdem der Bürgermeister auf die Unrechtmäßigkeit hinwies und den Auftrag zu dieser Maßnahme einforderte, beendeten die NS-Gefolgsleute nach langen Verhandlungen diese Aktion.[36]

Nach dem Boykott jüdischer Geschäfte am 1. April 1933 und den öffentlichen Anfeindungen und Übergriffen folgte eine Auswanderungs- und Fluchtwelle aus der Stadt. Von den in Büdingen lebenden 149 jüdischen Bürgern floh angesichts dieser heftigen Ausschreitungen bis 1936 die Hälfte. In der Anonymität der Großstädte fühlte man sich geschützter oder wartete auf den Einwanderungsbescheid in ferne Länder, eine Fluchtbewegung, die auch für andere Dörfer und Kleinstädte in Hessen zu beobachten war.[37]

Nach der Pogromnacht vom 9. November 1938 flüchteten dann auch die letzten Büdinger Juden, und nachweislich war Ende des Jahres 1939 jüdisches Leben aus der Stadt verschwunden. Direkte Deportationen aus Büdingen gab es somit keine.

Heute erinnern Stolpersteine und eine Gedenktafel im Burgmannenhof an die vertriebenen und in Konzentrationslagern ermordeten Büdinger Juden.

Vor diesem Hintergrund war es glaubhaft, wenn Hedwig das Kind als ausgebombt, elternlos und bei Nachfragen als «Christiane Müller» aus Berlin vorstellte. Der Gedanke an irgendetwas Jüdisches kam da nicht auf. Über die wahre Identität des Kindes vertraute sich Hedwig ihrer Cousine Luise Schmück an. Außerdem war Lotte Störkel in Michelau seit Sommer 1944 eingeweiht und Bruder Albrecht natürlich, der laufend

Lebensmittelmarken schickte und mitunter auf seinen vielen Dienstreisen vorbeikam. Er hatte eine frühere Hausangestellte Käte Will um Hilfe angesprochen, falls für Hanna irgendeine Gefahr drohen sollte. Sie lebte mittlerweile in Alsfeld, wurde über den wahren Sachverhalt aufgeklärt und war bereit, das Kind aufzunehmen, wenn es nötig wäre.

Als es dann wirklich gefährlich wurde, war eine Reise zu Käte Will nach Alsfeld nicht möglich, denn Hanna war krank geworden. Vermutlich war es eine Kinderkrankheit, aber Hedwig bekam es mit der Angst zu tun und bat den Arzt Dr. B. um Rat. Obwohl die Krankheit bereits am Abklingen war, informierte der Arzt das Jugendamt, eine Maßnahme, die keiner medizinischen Notwendigkeit entsprach. Das war im August 1944, und nachdem Hanna bereits ein Jahr bei «Tante Witte» in der Bahnhofstraße 19 lebte, gab es auch für das Jugendamt keinen Grund, ihren Status als ausgebombtes Kind im Haus der Hedwig Wittekind zu ändern. Nunmehr bekannt geworden schickte das Jugendamt die mittlerweile vierjährige Hanna in das «Kinderheim Frohkind». Dies war am 18. August 1944. Hedwig reagierte auf diese Amtsentscheidung erschrocken und erleichtert zugleich. Nur wenig später wurde sie zu einer Arbeit in eine Munitionsfabrik dienstverpflichtet, auch eine Maßnahme, die sie seit langem befürchtete. Wie hätte sie sich da noch um Hanna kümmern können?

Viele Rettungsgeschichten können nie aufgeschrieben werden, weil im hessischen Umland Untergetauchte nach 1945 nicht mehr zurückkehrten. Die in die angrenzenden Länder Geflüchteten emigrierten von dort mit der ersten Auswanderungsmöglichkeit in die USA oder nach Palästina. Sie entgehen somit der Forschung, und es lässt sich keine Verfolgungs- und Fluchtgeschichte mehr finden. Denn um eine Rettungsgeschichte zu schreiben, braucht es den Namen eines Geretteten.

So konnte letztendlich über den Umweg der Rettung von Hanna aus Berlin das am Stadtrand Büdingens gelegene «Kinderheim Frohkind» als zumindest zeitweilig sicherer Hort für schutzbedürftige Kinder entdeckt werden. In den Entnazifizierungsakten der Heimleiter, dem Ehepaar Kurt und Erna Petzold, wurden mehrere Namen von Kindern genannt, die sie geschützt oder gerettet hatten.

Eine offizielle Anmeldung von Hanna in Büdingen erfolgte von Hedwig nicht. Sie selbst hatte sich im Einwohnermeldeamt als «vorübergehend» aus Berlin nach Büdingen abgemeldet. In Büdingen selbst gibt es von ihr keine Eintragung in einer Einwohnerkartei. Erst nach Kriegsende wurde bei den neuen Karten der Einwohnermeldeunterlagen vermerkt, dass sie mit ihrem zweiten Wohnsitz bei ihrem Vater seit dem 19. Oktober 1943 gemeldet war, ebenfalls als vorübergehend.[38] Wie wir heute in ihren Briefen nachlesen können, hat sie dort nie gewohnt.

Trotz dieses abrupten Wechsels in ein Kinderheim, wo Hanna auf beengtem Raum mit fremden Kindern in fremder Umgebung eingeschränkt leben musste, war sie dort besser geschützt als in der Wittekind-Wohnung. Ob Hedwig dies gewusst hat? Angeblich waren die Heimeltern Kurt und Erna Petzold über die jüdische Herkunft von Hanna informiert und sie trugen sie wohlweislich nicht in die Bewohnerliste des Kinderheimes ein.[39]

Hanna war nicht das einzige Kind, dass von den Petzolds unter strenger Geheimhaltung, d.h. ohne Eintrag in die Bewohnerliste, aufgenommen worden war. Als die Heimeltern nach 1945 zu ihrer politischen Haltung Angaben machten, erklärten sie, dass sie im Jahr 1943 mehrere polnische Kinder versorgt hatten sowie jüdische und halbjüdische Kinder. Bereits im Jahr 1939 nahmen sich die Eheleute Petzold der drei Geschwister Luise, Berta und Klaus an. Ihre jüdische Mutter hatte man nach den Erinnerungen eines älteren Stiefbruders in ein Krankenhaus gelockt, während der Vater sich auf einer Geschäftsreise befand. Fünf Monate lang blieben die sechs- bis neunjährigen Geschwister im Büdinger Heim, während ihre Mutter in das Konzentrationslager Ravensbrück verschleppt wurde. Dem Vater gelang es anschließend, seine «halbjüdischen» Kinder im Odenwald einer weiteren Verfolgung zu entziehen. Die Mutter Berta Held wurde am 5. März 1942 in der Tötungsanstalt Bernburg an der Saale ermordet.

Acht Monate lang war im Jahr 1944 der dreizehnjährige Sohn von Erwin und Toni Eisenberg im Kinderheim, nachdem sein jüdischer Vater Anfang 1943 aus Darmstadt in das KZ Buchenwald verschleppt worden war. Seine Eltern lebten in einer sogenannten Mischehe und als seine

Mutter verhaftet wurde, weil sie einem Deserteur einen Zivilanzug übergeben hatte, kam sie in Darmstadt ins Gefängnis und der Junge in das Büdinger «Kinderheim Frohkind». Für die alleinstehenden und verfolgten Kinder war der öffentliche Träger der Stadt Darmstadt verantwortlich, in diesem Fall das Fürsorgeamt, und damit fielen sie der Stadtkasse zur Last. Der Darmstädter Gestapo war diese gesetzliche Regelung ein Dorn im Auge. Um diese Kinder zu schützen, nahm Kurt Petzold, nach einer Anfrage von christlich eingestellten Fürsorgerinnen aus dem städtischen Fürsorgeamt Darmstadt, die kleinen Schutzbefohlenen im Kinderheim auf. [40]

Ein ähnlicher Umgang mit Kindern, die der städtischen Fürsorge unterstanden, ist aus Frankfurt am Main bekannt. Es gelang dem Jugendamtsleiter Theo Walter, mit Hilfe der Caritas vierzig Kinder in auswärtige Unterkünfte zu vermitteln und sie damit vor einer Verschleppung zu bewahren. [41]

Das «Kinderheim Frohkind», das seit 1939 von dem Ehepaar Petzold geleitet wurde, lag am Stadtrand Büdingens, Am Wildenstein 24, oberhalb des Stadtkerns. Es war ein Wohnhaus für zwei Familien, das maximal 44 Kinder aufnehmen konnte. Vom Säugling bis zum Alter von zehn Jahren wies der damalige Bezirksfürsorgeverband auswärtige und Büdinger Kinder ein. Es sah dort ärmlich aus und die dem Heim zur Verfügung stehenden «ungenügenden Mittel» bestimmten jahrelang den Alltag. Es gab nur vier Erzieher, die die Kinder nur unzureichend betreuen konnten. Die als schwer erziehbar eingestuften Kleinkinder kamen aus schwierigen bis sozial-geschädigten Familienverhältnissen, es waren oft geistig behinderte Kinder mit den entsprechenden Folgeproblemen, die eine intensive Betreuung notwendig gemacht hätten. Als Hedwig das ihr anvertraute Kind im August 1944 abgeben musste, war das Heim mit siebzig Kindern überbelegt. [42]

Es muss ein Schock für das so fürsorglich von «Tante Witte» betreute Kind gewesen sein, was heute leichtfertig als glückliche Fügung betrachtet werden kann. Sieben Monate Aufenthalt in einem Kinderheim in Kriegszeiten: das war wohl kaum ein Glücksfall für eine Vierjährige. Die Gefahren, denen die Heimeltern trotzten und dies bei mehreren ihnen anvertrauten Kindern gezeigt hatten, haben für Kinder nicht die geringste Bedeutung, denn sie sind selber in einer extrem bedrohlichen Situation. Für Hanna, die schon ein Jahr zuvor den Abschied von Mutter und Vater erleiden musste, war die erneute Trennungserfahrung traumatisch.

Man muss davon ausgehen, dass die Heimerziehung in der Zeit des Nationalsozialismus sich eher an der «schwarzen Pädagogik» des 19. Jahrhunderts orientierte als an den reformpädagogischen Heimerziehungskonzepten wie sie zu Beginn des 20. Jahrhunderts in Heimen und Schulen vereinzelt umgesetzt wurden. Spätestens Mitte der dreißiger Jahre waren reformpädagogische Institutionen «gleichgeschaltet», d.h. sie mussten sich nach den NS-Vorgaben richten. Es ging um bedingungslosen Gehorsam, Unterdrückung kindlicher Wünsche und Bedürfnisse, drakonische Strafen (nicht selten wurden «ungehorsame» Kinder in den Keller oder in den Schweinestall eingesperrt), Entzug von Essen und Zuwendung, körperliche Züchtigung. Selbst wenn man den Heimeltern eine christliche Einstellung nachsagen kann, so ist doch zu befürchten, dass kein Kind in einem solchen überfüllten Heim mit unzureichend ausgebildeten Erziehern auch nur annährend das bekommen hat, was es brauchte.[43]

Dass das Ehepaar Kurt und Erna Petzold aus christlicher Nächstenliebe handelte, bezeugen die beiden Pfarrer in Büdingen. Pfarrer Becker vom Katholischen Pfarramt bestätigte, dass im «Kinderheim Frohkind» ein «christlicher Geist» wehte und bedrohte Kinder dort «liebevolle Aufnahme» fanden. Der evangelische Pfarrer Weber bescheinigte, dass Petzold entschieden Widerstand geleistet habe gegen das *«Eindringen der Naziideen und den Übergriffen der Partei in Bezug auf die Behandlung der Kinder»*. Ständig hätten die örtlichen Nazis ihm Schikanen bereitet, aber er ließ sich dadurch nicht beirren. Auch die Taufe der im Jahr 1943 versorgten polnischen Kinder seien ihm vom Kreisleiter zum Vorwurf gemacht worden.[44]

Seit 1943 wurden die zumeist osteuropäischen Frauen nach der Geburt eines illegitimen Kindes nicht mehr in ihr Heimatland zurückgeschickt, sondern mussten ihr Kind kurz nach der Geburt abgeben, um weiter als Landarbeiterinnen und in Büdinger Haushalten als Zwangsarbeiterinnen zu arbeiten. Die Heimeltern Petzold nahmen sieben Säuglinge auf und betreuten sie.

Die wichtigste Aussage zum NS-widerständigen Verhalten des Heimleiters und seinem Einsatz zur Rettung der bedrohten Kinder hinterließ Adelheid Müller-Hess. Am 5. Januar 1946 bescheinigte sie dem Ehepaar Kurt und Erna Petzold, *«dass sie meine Tochter Hanna Müller, (…) in der Zeit vom 18.8.44 bis 1.4.45 in ihr Heim aufgenommen hatten»*, zu einer Zeit, als sie längst wussten, dass bereits die Gestapo ihre Spur bis Büdingen verfolgt hatte. Und sie führte weiter aus, dass *«das Ehepaar Petzold (…) davon unterrichtet (war), dass meine Tochter jüdischer Abstammung ist. Als die Gestapo Berlin Anfang 1945 das Ehepaar Petzold aufforderte, das Kind auszuliefern, verweigerten sie dies. Die Aufforderung wiederholte sich, aber Herr und Frau Petzold blieben standhaft und haben somit zur Rettung meines Kindes wesentlich beigetragen.»*[45]

Die Retterin

Hedwig und «ihre Köpp»

Hedwig Wittekind war noch zu Kaiserzeiten in Büdingen aufgewachsen, lebte und arbeitete jedoch die Hälfte ihres Lebens in Berlin. Als 1941 die erwähnte Entscheidung zum Wohnortwechsel anstand, war ihr Künstlerleben längst zerstört. Büdingen wurde mehr und mehr zum Rückzugsort vor den sich häufenden Bombenangriffen auf Berlin, ein Ruhepol zum Arbeiten wurde es nicht. Ihr fehlten die Inspiration, die Kontakte zum künstlerischen Ambiente, selbst wenn es nur ein Auftrag für eine kleine Plastik war oder die Anfrage, für ein paar Mark als Modell den Kunststudierenden zur Verfügung zu stehen. Aufträge für unhandliche Skulpturen und Büsten waren selten geworden. Es gab weder Verwendung in Ausstellungsräumen noch Platz auf einer Anrichte. In Kriegszeiten wurde nur das Nötigste unterm Arm in den Luftschutzkeller getragen.

Als Erstgeborene des Gymnasialprofessors Heinrich Wittekind und seiner Frau Hedwig hatte sie es – wie von Familienangehörigen überliefert – nicht leicht, ihren Weg in die Kunst durchzusetzen. Ihre Neigung zur Bildhauerei zeigte sich schon früh, wenn man von einem kurzen Intermezzo des Studiums der Malerei absieht. Die erste Büste von ihrem Großvater, dem Schreinermeister Jacob Wittekind, muss sie wohl in jugendlichem Alter gefertigt haben. Bei ihrer Vorstellung in Weimar an der «Großherzoglich Sächsischen Hochschule für Bildende Kunst» Ende 1915 befand sich ein Foto der Büste in der Bewerbungsmappe für das Studium der Bildhauerei.

In ihrem bildungsbürgerlichen Elternhaus gehörten Musik und Literatur, aber vor allem die französische Sprache in den Förderkanon. Wer sich wie Vater Wittekind mit Stammbaumforschung auf die Urväter bezieht, entdeckt bald einen schweizerischen Bezugspunkt, der von ihm durch eine längere Reise um den Genfer See durch Postkarten belegt ist. Ob diese Rundreise, bei Neuchâtel beginnend über Vevey, Villeneuve, Montreux und Lutry, im Jahre 1903 bereits für seine beiden ältesten Kinder als Bildungsziel geplant war, ist kaum anzunehmen. Nachweislich werden sie, wie später auch die Enkelkinder, zu Studienzwecken in die französische Schweiz geschickt. Die beiden jüngeren Brüder von Hedwig, Karl und Albrecht, erfüllten demnach die Bildungsanforderungen vom Vater, des Oberlehrers Dr. Heinrich Wittekind. Für Tochter Hedwig bedeutete es, die französische Sprache zu perfektionieren. Der jüngere Albrecht verbrachte ein Jahr als Jura-Student in Genf. Für Karl, den Medizin-Studenten, hat der Erste Weltkrieg ein Studium in der Schweiz vermutlich verhindert.

Hedwig besuchte die Höhere Mädchenschule in Büdingen und verließ sie am Ende des Schuljahres 1909/10. Erst im April 1912 wechselte sie in das vom Vater ausgesuchte Pensionat in der französischen Schweiz, ein Mädchen-Pensionat in Lutry am Genfer See, der letzten Station seiner Bildungsrundreise. Hedwigs Französischkenntnisse haben den Bruder später auf die Idee gebracht, dass seine Schwester ein Dolmetscher-Examen in Französisch ablegen könne. Zu den in Kriegszeiten schwer verkäuflichen «Köppen» – wie der Vater etwas abschätzig die Kunstwerke seiner Tochter nannte – wäre das eine gute Alternative gewesen. In den Briefen der Geschwister wird ausführlich darüber korrespondiert.

Hedwigs Mutter starb im Jahr 1920, und es ist nicht mehr zu ergründen, inwieweit sie ihre Tochter bei der Verwirklichung ihres sehr zielgerichteten Berufswunsches unterstützt hat. Ihr Talent zum Kreativen wird sie vermutlich noch erkannt haben. Es existieren vier Bleistiftzeichnungen, die Hedwigs Begabung zeigen, und eine davon ist ein Porträt der Mutter aus dem Jahr 1914.

In einem handschriftlichen Lebenslauf wird ihre Leidenschaft zum plastischen Arbeiten deutlich. Sie schickte ihn Ende 1915 an die «Großherzoglich Sächsische Hochschule für Bildende Kunst» (nach dem Ersten Weltkrieg bekannter als «Staatliches Bauhaus Weimar»). Ihre Begeisterung für die Bildhauerei zeigt sich gegen Ende des Schreibens durch eine viermalige Erwähnung des Wortes «Büste». Auch ihre ersten Porträtzeichnungen und eigene Studien weisen auf diesen Weg, den ihr Vater offensichtlich nicht guthieß. Ihre «Köpp» fanden auch zwanzig Jahre später nicht seine Anerkennung, obwohl das Talent und die Leidenschaft für die Bildhauerei seiner Tochter außerhalb ihres Elternhauses durchaus

Bleistiftzeichnung der Mutter (ca. 1914)

wahrgenommen wurden. Hedwig Wittekind schrieb in ihrem Lebenslauf zur Bewerbung in Weimar:

«Ich bin geboren am 7. Juni 1896 in Hungen, Oberhessen, und wohne seit 1899 mit meinen Eltern zu Büdingen, wohin mein Vater als Oberlehrer an das Gymnasium berufen wurde. Nach dreijährigem Volksschulbesuch wurde ich in die hiesige höhere Mädchenschule aufgenommen, die ich bei meiner Konfirmation verließ. Mit meinem fünfzehnten Lebensjahr kam ich in ein Pensionat in Lutry bei Lausanne, wo ich ein Jahr blieb. Gelegentlich eines längeren Besuchs in Stuttgart trat ich in die dortige Kunstgewerbeschule ein, da ich schon von jeher großes Interesse für Malerei und dergleichen hatte. Mit Kriegsausbruch mußte ich die Schule verlassen, nach etwa halbjährigem Besuch. Die Verhältnisse brachten es mit sich, daß ich längere Zeit zu Hause blieb, wo ich mich nach Möglichkeit allein weiterzubilden suchte. Dann besuchte ich etwa ein halbes Jahr die Kgl. Zeichenakademie zu Hanau. Auf die Erkundigungen meines Vaters hin sagte der Direktor der Anstalt, Prof.

Leven, daß eine Kunstgewerbeschule für mich nicht die richtige Anstalt sei, da ich speziell für die figürliche Plastik veranlagt sei, ich könne mich hierfür auf sein Urteil berufen. – Jetzt bin ich etwa dreiviertel Jahr zu Hause und habe mich durch Zeichnen von Muskeln und lebenden Tieren weitergebildet. Unter anderem habe ich eine Büste meines Großvaters verfertigt. – Danach bekam ich einen Auftrag, der darin bestand einen Herrn, der im Krieg gefallen ist, nach kleinen Photographien zu modellieren. Es ist eine Büste in Lebensgröße. Die Aufgabe wurde dadurch erleichtert, daß ich den Herrn kannte. Den Prinzessinnen des hiesigen Fürstenhauses hat die Büste sehr gefallen. Sie hatten sie im Vorbeifahren im Schaufenster sofort erkannt und mir den ehrenvollen Auftrag gegeben, das zweijährige Töchterchen der Gräfin zur Lippe-Weissenfeld zu modellieren. Die Büste hat im fürstlichen Hause sehr gefallen. – Außerdem habe ich mancherlei nach freier Erfindung gebildet, u.a. eine Gruppe ‹Mutter und Kind›, die ich Herrn Professor Engelmann zur Ansicht vorlegen ließ.

H.(edwig) Wittekind» [46]

Der Großvater Jacob Wittekind. Gefertigt ca. 1915. Ein Foto der Büste wurde in die Bewerbungsmappe für das Studium der Bildhauerei in Weimar aufgenommen.

Beharrlichkeit und Eigensinn könnte man der jungen Hedwig zuordnen. Recht früh wechselte sie vom Zeichnerischen zur «figürlichen Plastik», was bei anderen Künstlern oft erst Jahre nach ihrer Ausbildung zur Malerei und Graphik geschieht. Ihr frühes Talent erkannten und förderten auch ihre akademischen Lehrer und begannen sie entsprechend zu beraten bzw. auf ihren Vater einzuwirken. Hedwig war zu dieser Zeit noch nicht volljährig, gerade achtzehn Jahre alt. Im Kaiserreich dem väterlichen Willen nicht zu folgen, wäre undenkbar gewesen. Zudem war es zu dieser Zeit keine Selbstverständlichkeit, dass Frauen studierten. Die Zulassung zum wissenschaftlichen Studium war noch nicht lange zugänglich, erst recht war die Suche nach den *«offiziellen Stätten des eigentlichen Kunststudiums, … den Frauen wenigstens in unseren Ländern noch fast überall verschlossen.»* [47]

Bis ins Jahr 1913 konnten Frauen nur an der Königlichen Kunstakademie in Königsberg in Preußen, an der Großherzoglichen Sächsischen Hochschule für bildende Künste in Weimar und an der Königlichen Akademie in Budapest studieren.

An der Königlichen Kunstschule in Berlin wurde vorwiegend in Zeichenlehre ausgebildet. Die Auswahl war also begrenzt und es ist daher naheliegend, dass der Direktor der Zeichenakademie Hanau, Professor Leven, ein anerkannter Designer des Jugendstils, dessen kunstgewerbliche Edelmetall-Objekte noch heute nachgefragt sind, ihr im Jahr 1915 riet, nach Weimar zu gehen. Damit unter Druck gesetzt, unterschrieb ihr Vater schließlich ihre Bewerbung und garantierte darüber hinaus die monatlichen Zahlungen für ein Studentenzimmer und die Studienkosten. Es ist erstaunlich, dass er dem Studienwunsch nachgab, denn immerhin begann ihre Ausbildung nicht nur mitten im Ersten Weltkrieg, sondern – wie erwähnt – in der Kaiserzeit, in der jungen Frauen aus konservativen Elternhäusern andere Wege vorgezeichnet waren. Das bedeutete, sich den klassischen frauentypischen Bereichen wie einer Haushaltungsschule zuzuwenden, eine pflegerische Ausbildung zu absolvieren oder sich überhaupt im eigenen häuslichen Bereich in die künftige Rolle von Ehefrau und Mutter einzuüben. Zwar wurde bis zu einem gewissen Grad das Künstlerische – Gesang, Literatur und bildende Kunst – bei den jugendlichen Töchtern gefördert, aber als schmückendes Attribut für bessere Chancen auf dem bürgerlichen Heiratsmarkt betrachtet. Ein Studium der Bildhauerei fiel dagegen aus dem üblichen Rahmen.

Es war eine Masse an Ton, Gips und Kunststein zu formen, zu gestalten und zu transportieren, die *«sehr viel mehr Mühe und Aufwand erfordert als die Malerei, eine große Dispositionsfähigkeit voraussetzt und zugleich eine die Frau wenig anmutende Technik bietet, ihr auch weniger gut liegt.»* Diese Bewertung von Leonore Ripke-Kühn aus dem Jahre 1919 hätte Hedwig Wittekind wohl nicht abgeschreckt. [48]

Die Porträtmalerei wäre einfacher gewesen, handhabbarer und, wenn man so will: schneller verkäuflich. Arbeiten in Ton, Gips oder Kunststein erforderten eher «männliche» Kräfte, weniger in der Herstellung als in der Beschaffung der Materialien. Man brauchte ebenfalls einen Arbeitsraum, der Platz für Skulpturen bot. Einen solchen Aufwand hat *«die große Masse abgeschreckt, und so mag es sich denn erklären, daß, wo wir auf*

Hedwig als junge Frau

Plastik bei Frauen treffen, sie verhältnismäßig sehr viel Gelungeneres zeigt als der malerische Durchschnitt. … Namentlich die Porträtbüste erfreut sich großer Beliebtheit …»[49]

In den Jahren von Wittekinds Studienbeginn erkannte die Autorin Leonore Ripke-Kühn einen schlichten, charaktervollen und naturalistischen Zugang zur weiblichen Bildhauerei, aber eine eigene künstlerische Handschrift sei selten vorzufinden. Ausnahmen sah sie in Milly Steger und Hanna Koschinsky, zwei Künstlerinnen, die sie in ihrem Text 1919 erwähnte.

In der Großherzoglich Sächsischen Hochschule für bildende Kunst war Hedwig Wittekind für die Zeit 1915-1917 als Studentin eingetragen. Offiziell meldete sie sich am Silvesterabend 1915 aus Büdingen ab, denn Professor Richard Engelmann, dem seit 1913 die Leitung der Bildhauerabteilung in Weimar übertragen worden war, hatte ihre Bewerbung angenommen. Engelmann selbst war ein vom Worpsweder Künstler Fritz Mackensen angeworbener Bildhauer. Die Aufnahme in einer derartig renommierten Hochschule mit bereits bekannten und angesehenen Künstlern hätte für Hedwig Wittekinds spätere Bewerbungen förderlich sein können.

Hedwig begann ganz offensichtlich derart erfolgreich ihr Studium der figürlichen Plastik, dass sie von Professor Engelmann ermutigt wurde, für das nächste Semester eine Freistelle zu beantragen. Im März 1917 stellte sie nach Rücksprache mit Engelmann einen Antrag und bat als *«Unterzeichnete ergebenst um Erlass des Schulgeldes»*. Als Begründung führte sie an, dass sie ihrem Vater nicht weiter auf der Tasche liegen könne, denn er habe noch ihre beiden Brüder zu unterstützen. Der ein Jahr jüngere Bruder Karl diente damals als Soldat im Ersten Weltkrieg und ihr jüngster Bruder Albrecht war gerade einmal dreizehn Jahre alt. Das Lehrerkollegium bewilligte ihren Antrag. Hedwig absolvierte ein weiteres Semester in Weimar. Laut Eintrag in den Hochschulunterlagen schließt sie am Ende des Sommersemesters 1917 ihr Studium ab. Ein weiteres Mal zeigt sich ihr starker Wille, den sie nun unabhängig vom Vater umsetzt und der sie immer weiter vom Elternhaus entfernt.[50]

Professor Richard Engelmann (1868-1966), ihr Lehrer und Förderer, war durch mehrere im Deutschen Reich an öffentlichen Plätzen aufgestellte Skulpturen bekannt geworden. Seine Biographin Silke Opitz stuft ihn als *«akademisch konservativen Künstler»* ein. Er blieb den expressionistischen und modernen Tendenzen in Malerei und bildender Kunst, bei denen sich die deutsche Maler-Elite an den französischen Vorbildern orientierte, fern. Nachweislich hatte sich Richard Engelmann für eine Freistelle im Sommersemester 1917 eingesetzt, aber ob er sich als ein den Berliner Secessionskreisen zugehörender Künstler darüber hinaus für Wittekind verwandte, ist nicht gesichert. Eine solche Förderung erlebte sie nach Beendigung ihres Studiums, als sie – kaum in Berlin ansässig geworden – sich mit einer plastischen Arbeit in der Ausstellung der Berliner Secession vom November 1919/20 beteiligen konnte. Diese erste öffentliche Präsentation ist vor allem unter einem anderen Gesichtspunkt bemerkenswert. Hedwig meldete sich am 4. April 1918 noch einmal, aus Berlin kommend, in Büdingen an und kehrte erst am 14. März 1921 erneut nach Berlin zurück. Eine Erklärung für ihre damaligen Reisen nach Büdingen liefert das Büdinger Personenstandsregister. [51]

Daraus ist für das Jahr 1915 zu entnehmen, dass ihre Mutter sich «auswärts» aufhielt und der Bruder Karl zu einem Einsatz als Soldat «einberufen» worden war. Von der Familie ist überliefert, dass die Mutter seit längerer Zeit krank war und angeblich an Depressionen litt, auch als Gemütskrankheit bezeichnet. Für eine Frau im Alter von 47 Jahren ein nicht seltenes biologisches Krankheitsbild. Sie starb am 23. Juni 1920, also in der Zeit von Hedwigs vorübergehender Anwesenheit. Hedwig hatte offensichtlich damals bereits entschieden, in Berlin leben zu wollen, und pendelte zwischen den beiden Orten, denn sonst kann man ihre Beteiligung an der Ausstellung der Berliner Secession 1919/20 nicht erklären. Sie war in der Nähe ihrer schwer kranken Mutter, doch nach ihrem Tod gab es keinen Grund mehr im Elternhaus zu bleiben.

Hinter nüchternen amtlichen Eintragungen und Daten verbergen sich oft heftige familiäre Beziehungsprobleme. Hier ging es um die künftige Beziehung von Hedwig zu ihrem Vater. Vier Tage vor dem Tod der Mutter zog die Diakonie-Schwester Else Neumann aus Gießen in den Haushalt des Professors und blieb noch weitere drei Monate dort. Aber nicht nur das. Ein halbes Jahr später am 19. März 1921 ehelichte Dr. Heinrich Wittekind die Diakonie-Schwester Else. Ihre Verlobung wurde in Büdingen nicht bekannt gegeben, das Aufgebot zur Eheschließung war auf dem Standesamt in Magdeburg angemeldet. Eine Woche später kamen sie als Ehepaar nach Büdingen zurück.

Solche Heimlichkeiten hatten vermutlich damit zu tun, das öffentliche Gerede wegen der Nichteinhaltung des üblichen Trauerjahres kleinzuhalten. Aber auch die Kinder hätten eine Zeit der Trauer um ihre Mutter gebraucht, bevor sie sich der Stiefmutter zuwenden konnten. Tochter Hedwig protestierte mit ihrer Abreise nach Berlin am 14. März 1921 auf ihre Weise, bevor der Vater mit der neuen «Mutter» nach Büdingen zurückkehrte.[52]

Wirkungsfeld Atelierhaus im Siegmunds Hof 11

In Berlin war Hedwig als Bildhauerin seit 1919 im Siegmunds Hof 11 eingetragen, einem Atelierhaus im Hansa-Viertel. Zehn Jahre lang lebte und arbeitete sie hier und einen besseren Einstieg als Künstlerin kann man sich kaum vorstellen. Das Atelierhaus Siegmunds Hof war ausdrücklich für Künstler geplant und konnte bei seinem Erstbezug 1887 vierunddreißig Räume anbieten. Im Hansa-Viertel war es in den Jahren der Kaiserzeit und der Weimarer Republik eine repräsentative Adresse, sprich gutbürgerlich bis vornehm. Hedwig Wittekind begegnete außerhalb ihres Ateliers einer nicht unbeträchtlichen Zahl namhafter Künstler und Akademieprofessoren. Für eine junge Künstlerin war der spontane und rege Austausch unter Kollegen ein absoluter Gewinn und die in Berliner Kreisen bekannt gewordenen Künstlerfeste im Hause brachten sie bald dem geselligen Leben der Großstadt näher. Das war für sie als gutbürgerliche Tochter ein Weltenwechsel, der nachhaltiger nicht sein konnte. Daneben fragt man sich, wie eine junge Frau einen solchen Atelierraum finanzieren konnte, der als vornehm und repräsentativ galt, was bekanntlich mit Kosten verbunden ist. Über ihre ersten beiden Jahre als Bildhauerin ist nur «Berlin» als Wohnsitz bekannt, erst 1919 ist sie in Adressbüchern als Dauermieterin verzeichnet.[53]

Die meisten Namen der Atelierhausbewohner dürften heute nur Kunstinteressierten bekannt sein, nicht so Wittekinds Atelier-Kollegin Käthe Kollwitz, die dort 1912 eingezogen war und endlich aufgrund der räumlich-großzügigen Möglichkeiten von kleineren plastischen zu größeren Arbeiten wechseln konnte. Was großzügig im Räumlichen bedeutete, ist einer Beschreibung der Bildhauerin Katharina Heise zu entnehmen. Sie fand 1915 einen Atelier-Raum im Siegmunds Hof 11, weil Käthe Kollwitz in ein noch größeres Atelier im Hause umziehen konnte. Heise über ihren neuen Arbeitsplatz: *«Es waren herrlich große Ateliers 6 x 6 x 5 mit sehr unbarmherzigem Licht. Ich nahm das Atelier, das Käthe Kollwitz vorher gehabt hatte. Sie (hatte) ein größeres eine Etage tiefer genommen.»*[54]

Als Wittekind die ältere Kollegin Kollwitz kennenlernte, war diese bereits eine bekannte Graphikerin und Zeichnerin, die mit ihrem Einzug ins Atelierhaus auch als Bildhauerin monumentaler Skulpturen bekannt wurde. Heute muss man betonen, dass sie Deutschlands berühmteste Bildhauerin des 20. Jahrhunderts ist und ihre graphischen und plastischen Arbeiten aus den zwanziger Jahren über Berlin hinaus weltweit bekannt wurden. Käthe Kollwitz war seit 1901 Mitglied in der 1898 gegründeten Berliner Secession und wurde 1912 in deren Vorstand berufen. Ganz glücklich schien sie mit dieser Wahl und Ehre nicht zu sein. Sie stöhnte über die verpflichtenden Sitzungen, bei denen sie als Protokollantin zur Verfügung stehen sollte. Sie weigerte sich, musste schließlich auf eindringliches Bitten nachgeben: *«So hab ich es nun wirklich auf dem Rücken.»* [55]

Natürlich interessierte sie die Auswahl und das Hängen der Bilder, aber alle Arbeiten, die sie vom künstlerischen Schaffen abhielten, waren ihr zu viel. Vor allem befürchtete sie, dass sie hier als Frau über die Werke von Frauen befinden sollte und diese Stellung in der Jury nahm sie als «unangenehm» wahr. Sie habe *«die Sache einer Frau zu vertreten»*, aber das könne sie eigentlich nicht mit Überzeugung tun, *«da es sich stets um mittelmäßige Leistungen handelt»*. [56] Es käme dabei nur etwas *«Doppelzüngiges»* heraus.

Kritisch äußerte sie sich über all die Frauen, die sich zwar für die Kunst entscheiden, aber nur als Überbrückung, bis sie in den Stand der Ehe eintreten. Talent in jungen Jahren sei vorhanden, aber dann fehle es an Durchsetzungswillen, was zu künstlerischer Mittelmäßigkeit führe. Sie plädierte für *«eine scharfe Auslese bei der Aufnahme, damit die breite, unterdurchschnittliche Frauenkunst nicht noch mehr gefördert werde»*. Begabungen gäbe es genügend, aber einen «erheblichen» Beitrag für die Kunst leisten sie nicht. *«Ich bin darum für Zulassung der Mädchen in staatliche Kunstakademien. Doch nehme man nur Mädchen auf, deren Beanlagung außer Frage ist.»* Allerdings müsse den jungen Frauen anschließend geholfen werden mit unentgeltlichen Meisterateliers, Stipendien, Italienpreisen usw. Sie wären dann nicht mehr angewiesen *«auf Ausstellungen und die damit verbundenen Schwierigkeiten, Enttäuschungen und Entmutigungen … .»* [57]

Ihre Sicht auf das Kunststudium von Frauen aus dem Jahr 1918 ist wohl eher ein Rückblick auf vorangegangene Jahre. Als Jurymitglied wird sie sich in den zwanziger Jahren immer wieder für künstlerische Werke ihrer Mal- und Bildhauer-Kolleginnen in dem laufenden Ausstellungsbetrieb einsetzen.

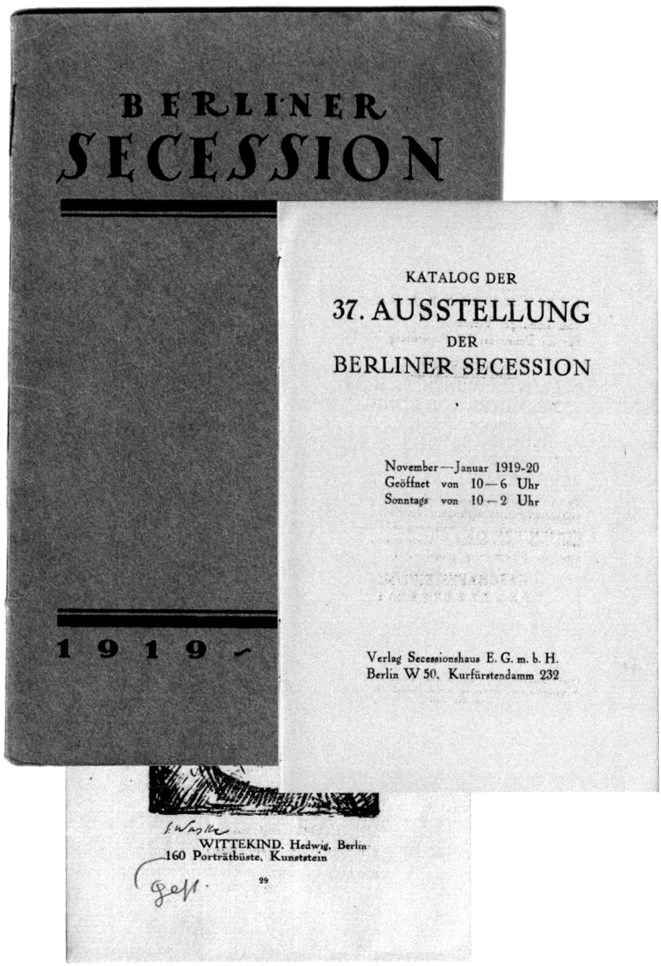

Teilnahme mit einer Porträtbüste (kein Foto vorhanden) an der Ausstellung der Berliner Secession 1919-1920

Das plastische Werk, mit welchem Hedwig Wittekind in der 37. Ausstellung der Berliner Secession 1919/20 vertreten war, ist eine Porträtbüste aus Kunststein. Leider konnten in dem Katalog keine Abbildungen aufgenommen werden, aus Kostengründen, wie es hieß. Immerhin war es kurz nach Kriegsende ein erster Wiedereinstieg für achtundsechzig Künstler, darunter vierzehn Frauen, hier ihre Werke zu zeigen. Aus dem Bereich der Malerei waren 142 Arbeiten vertreten. In einem noch erhaltenen Katalog zu dieser Ausstellung hinterließ ein aufmerksamer Betrachter zu einigen Werken fein säuberliche Kommentare. Ob er sich als Kenner des Gezeigten erweist, müssten Kunstinteressierte überprüfen. Diejenigen Anmerkungen, die entziffert werden konnten, lauten von *«ganz fein, geht, gut, nett, soll bei Renoir bleiben»* oder *«das Beste»* als höchste Form der Anerkennung. Auch Negatives kam zu Papier: *«leer, überzeugt nicht»* und *«übliches»*. Hinter dem Eintrag zu Wittekind vermerkte er: *«geht»*. Hinter den meisten Werken allerdings stand keine Bewertung des unbekannten damaligen Ausstellungsbesuchers. Hedwigs Förderer könnten Prof. Hugo Lederer und Käthe Kollwitz gewesen sein, die sie im Atelierhaus kennen gelernt hatte. Lederer firmierte als Mitglied der Jury, die über die Teilnahme der Künstler entschied.

Was man über Wittekind nicht erfährt, sind die existentiellen Fragen, woher in den zwanziger und dreißiger Jahren ihre Aufträge kamen und wie sich Bilder und Büsten verkauften, um davon leben zu können. Als Bohemienne war sie vermutlich auch Lebenskünstlerin.

Käthe Kollwitz an ihrer Seite

Bei der Suche nach weiteren plastischen Arbeiten Wittekinds aus den ersten Jahren in Berlin wurde ich nicht fündig. Über die Beziehung der beiden Atelier-Kolleginnen Kollwitz und Wittekind gibt es einen schriftlichen Eintrag im Tagebuch sowie das Foto der Kollwitz-Büste in Wittekinds Werkverzeichnis. Ist es anmaßend zu schreiben, dass die eine die Arbeiten der anderen verfolgte? Kollwitz hatte sich erst spät der Bildhauerei zugewandt und hier begegnete ihr nun eine Frau, die schon in jungen Jahren sich ausschließlich für diese Kunstsparte entschieden hatte. Es ist anzunehmen, dass Wittekind ihrerseits die sozialkritischen und politischen Graphiken der Künstlerin verfolgte, die vor allem die Schattenseiten der «goldenen Zwanziger» abbildeten. Vor allem die Lebensbedingungen der Arbeiterklasse, der ausgemergelten Frauen und gebeutelten Kinder porträtierte und bearbeitete Kollwitz in ihrer plastischen Kunst. Die berühmt gewordenen Plakate sind Wittekinds Aufmerksamkeit sicher nicht entgangen. Es sind aufrüttelnde Themen und Titel wie «Deutschlands Kinder hungern», 1923 (zur Zeit der Quäkerspeisungen in den Jahren 1919-1926), «Nie wieder Krieg» oder «Nieder mit dem Abtreibungsparagraphen» aus dem Jahr 1924.

Kollwitz und Wittekind trafen sich als Künstlerpersönlichkeiten und als unabhängige Frauen, nicht als Freundinnen, denn Kollwitz gehörte zur Generation der Eltern – so sind Käthe Kollwitz und Vater Wittekind derselbe Geburtsjahrgang. Kollwitz war in den zwanziger Jahren nach dem Tod ihres Sohnes mit völlig anderen Themen konfrontiert als die junge Hedwig, die im selben Jahr wie Kollwitz‘ Sohn Peter geboren wurde. Ein weiterer Bezug der Kollwitz mit Wittekind war das künstlerische Talent des Sohnes. Er hatte sich zu einem Studium der Malerei entschieden, doch dann gehörte er zu den ersten gefallenen Soldaten des Weltkriegs. Seine Träume ließen sich durch seinen frühen Tod am 23. Oktober 1914 nicht mehr verwirklichen. Eine künstlerische Bearbeitung dieses Verlustes beschäftigte Kollwitz viele Jahre lang. Immer wieder musste sie die Arbeit an einem Denkmal unterbrechen, da sie sich emotional außer Stande sah, es fertig zu stellen. Erst am 23. Juli 1932 wurde die Abbildung des trauernden Elternpaares, in der sich die Gesichtszüge von Karl und Käthe widerspiegeln, auf dem Soldatenfriedhof Roggevelde in Vladslo/Belgien zum Gedenken an den gefallenen Sohn aufgestellt. Dort war Peter Kollwitz gestorben. Auch das Mahnmal der um ihren Sohn trauernden Mutter, das in der Neuen Wache in Berlin aufgestellt ist, erinnert an ihren Verlust.

Käthe Kollwitz, die sich in ihren Tagebüchern nur selten zu den Atelier-Bewohnern äußerte, hinterließ zu Hedwig eine häufig zitierte Tagebuch-Eintragung.

Überwiegend beschäftigte sie sich mit der Rolle der Künstlerin als Frau. Es folgt eine jahrelange Auseinandersetzung mit ihrer eigenen Ehe, dem Muttersein und der Schwierigkeit, den Künstlerinnen-Beruf mit familiären Pflichten in Einklang zu bringen. Ein emanzipatorisches Thema bis heute. Wird das künstlerische Schaffen eingeschränkt und zugunsten der Ehe aufgegeben? Oder kann Frau als Künstlerin nur arbeiten, wenn sie ehelos bliebe? Kollwitz war zum Zeitpunkt ihrer Tagebucheintragung zu Hedwig Wittekind im Mai 1922 bereits 55 Jahre alt, lebte seit dreißig Jahren an der Seite eines Mannes, dem Arzt Dr. Karl Kollwitz, der ihr alle Freiheiten für ihr künstlerisches Schaffen durch seinen eigenen Brotverdienst ermöglichte. In ihrem Tagebucheintrag führt sie drei Beispiele von kunstschaffenden Frauen an, ohne dass dies in ein abschließendes Urteil mündete. Wittekind, die ihren Weg schon gefunden hätte, Schindler-Fuchs, die der Ehe den Vorzug geben wird und Hilde Ehlers, da wisse man noch nicht, ob und wie die Kunst obsiegen werde. Zu keiner der drei Frauen gibt es biographische Hinweise. Kollwitz schreibt im Mai 1922 in ihrem Tagebuch, in dem sie mit erstaunlicher Offenheit auch ihre eigene Sexualität reflektiert:

«Hab noch zwei Wochen Zeit bis zur Reise – hab aber nichts zu tun. Ging zur Wittekind herauf und fand sie Strümpfe stopfend neben ihrem Mittag, das auf Gas kochte. Zeigte mir ihre Arbeiten, in denen sie anfängt zur Natur zurückzugehn. Vielleicht gehört sie zu den wenigen jungen Frauen, die wirklich allein für sich leben können. Ich meine nicht ohne Männer, aber so, daß sie nicht ihr Zentrum in den Männern haben. Die meisten Frauen empfan-

gen eigentlich erst ihr Leben durch die Männer, bilden es sich wenigstens ein, treten in die Ehe und sind nun fest. Hedwig Wittekind bringt es vielleicht fertig frei zu bleiben, Künstlerin, niemand brauchend, Bohemienne durch Anlage. Das ist nur Mädchen möglich, die nicht sehr sinnlich sind.

Diese – auch ich gehörte dazu – werden beherrscht durch ihr Geschlecht. Hätte ich nicht Karl geheiratet und wäre damit eine mich oft beengende aber im ganzen glückliche und gesunde Einkapselung des Geschlechtstriebs vorgenommen – so hätte ich meine Ledigkeit wohl schlecht benutzt. Wenn jemand fortgesetzt voll Sinnlichkeit um mich warb, wär meine eigene gleich erregt [worden], der Geschlechtstrieb hätte mich, schlimmer als in der Ehe, untergehabt. Die meisten Mädchen hat er so unter. Wie es mit Hilde [Ehlers] sein wird, kann ich noch nicht absehn. Wittekind wird aber – selbst wenn sie ein Kind hat – in der Hauptsache künstlerisch arbeitender Mensch bleiben. Unbekümmert um das Gerede wie sie jetzt Modell steht, würde sie leben, wie sie es möchte. Früher meinte ich, die Mädchen könnten das eine Zeit durch, nachher – wenn sie altern – bieten sie ein klägliches Bild. Auch das glaub ich nicht mehr. Dieser neue Mädchentyp ist sehr anziehend. Daß aus Mädchen bis zur heutigen Erfahrung kein Genie hervorgegangen ist, ist mir jetzt auch gleichgültig. Nicht nur Genies haben das Recht sich so eingängerisch zu benehmen. Wo gibt es denn jetzt unter den Malern ein Genie? Auch die männlichen Künstler können froh sein, achtungswerte Leistungen hervorzubringen, gute Künstler-Handwerker zu sein. Das können Frauen auch.

Die Hilde Schindler-Fuchs geht noch den Weg wie ich ihn gegangen bin. Sie heiratet standesamtlich, bekommt zwei Kinder, hat Pflichten und Sorgen und Mühen und sieht wie sie daneben das Künstlerische retten kann. Vielleicht hätte sie ein Leben wie Wittekind es wählt gar nicht führen können. Ich hätte es meiner Neigung nach wohl führen können, nur glaub ich eben, ich wär gescheitert durch meine kritiklose leicht erregte Sinnlichkeit. Wittekind sagt sie braucht Menschen nicht, vielleicht ist es bei ihr wirklich wahr.» [58]

Erst gut drei Jahre später kam sie auf ihren Ehemann Karl zu sprechen, mit dem sie eine glückliche Ehe führte, was ihr nun so recht zu Bewusstsein kam. Allzu häufig, bemerkte sie später beim nochmaligen Durchblättern ihrer Tagebücher an, habe sie mehr die Schattenseiten im Allgemeinen aufgezeichnet, ihre Zweifel an sich und mit der Welt, während es doch viel mehr gute Zeiten gegeben habe, die aber nie schriftlich Eingang fanden. Sie erkannte, dass die nie versiegende Liebe ihres Ehemannes ihr die absolute Freiheit als Künstlerin gegeben hatte. Eine solche emotionale Sicherheit fehlte in Krisenzeiten der jungen, von ihr damals idealisierten Künstlerin Wittekind.

Hedwig arbeitete und lebte im Atelierhaus; ganz anders Käthe Kollwitz, die ausschließlich zum Arbeiten hinüberfuhr. Jeder der Atelier-Kollegen konnte 1926 verfolgen, wie Hedwig – laut Kollwitz – als *«in der Hauptsache künstlerisch arbeitender Mensch»* zusammenbrach. Aus den Briefen Wittekinds erfährt man, dass sie 1926 erkrankte und offenbar eine längere Zeit nicht arbeiten konnte. Diese Auszeit ging so weit, dass sie ihren Vater um finanzielle Unterstützung bitten musste und er ihr monatlich mit 100 Mark unter die Arme griff. Diese Bitte muss ihr schwergefallen sein, da sie schon seit Jahren ihr eigenes und unabhängiges Leben führte. Da sie wusste, dass ihr Vater nichts von ihrer Kunst hielt und die Stiefmutter ihr Leben als Bohemienne ablehnte, war die finanzielle Unterstützung des Vaters durchaus eine großzügige Geste. Erst später erfuhr sie, dass die Zuwendungen nur Leihgabe waren.

Es ist durchaus möglich, dass sie dem Vater ein sogenanntes Werkverzeichnis in Gestalt eines Fotoalbums vorlegen musste. Manche Geldgeber möchten gern den Gegenwert des eingesetzten Betrages erkennen. In diesem Album, das überliefert ist, befinden sich ausschließlich Abbildungen der von ihr angefertigten Büsten, die zeitlich geordnet, jedoch ohne Titelbezeichnungen eingeklebt wurden. Nachträglich in einer Ecke, datiert zum Jahr 1927, wurde eine Aufnahme hinzugefügt, die eine Büste von Käthe Kollwitz zeigt. Da beide Frauen ihr Atelier im Siegmunds Hof erst im Jahr 1928 aufgeben werden, war es durchaus denkbar, dass die große Künstlerin Käthe Kollwitz der genesenden jungen Frau als Modell zur Verfügung stand. Kunsthistorisch wäre es äußerst interessant, drei Büsten zu Käthe Kollwitz, die in diesen Jahren entstanden sind, nebeneinander zu präsentieren. Wieso drei? Im Jahr 1926 stellte sich Kollwitz auch der Bildhauerin Tina Haim-Wentscher als Modell zur Verfügung und diese Büste ist heute noch in der Nationalgalerie der Staatlichen

Museen in Berlin zu bestaunen. Der zweite Kopf war ein Selbstbildnis, an dem Kollwitz über sechs Jahre arbeiten wird und von ihr erst 1932 als abgeschlossen freigegeben wurde. Wie lange und intensiv sie damit haderte, zeigt sich in ihrer Anmerkung: *«Leider hab (ich) meine Kraft von Wochen dareingesetzt, meinen Kopf plastisch zu machen. Schraube ohne Ende, es wird täglich besser und nie gut. Abbrechen wäre das beste, aber ich bin zu verbissen.»* [59]

Die dritte Büste aus dieser Zeit – von Hedwig Wittekind – existiert nur als Foto sowie als Ausschnitt in einer Veröffentlichung, die auf einen

Selbstbildnis von Käthe Kollwitz (1926-1932)
«… es wird täglich besser und nie gut»

Aufenthalt in Paris hinweist. Der Untertitel lautet: *Buste de Kate Kollwitz par Hedwig Wittekind.* Es ist das zum Jahr 1927 eingefügte Foto.

Obwohl das Genre der plastischen Kunst in Weimar durch Vorbilder französischer Künstler beeinflusst war, trat dieser stilistische Einfluss bei Hedwig Wittekind erst spät auf. Könnte man die naturgetreue Wiedergabe als ihren Stil bewerten oder war es der Wunsch ihrer Auftraggeber? Erst in den Büsten ihrer Nach-Pariser-Zeit, im Fotoalbum in den Berliner Jahren 1933 und 1934 datiert, nahm sie gewisse Strömungen des französischen Stils, gekennzeichnet in den länglichen Gesichtern, auf. Waren

Während Käthe Kollwitz an ihrem Selbstbildnis arbeitete, saß sie Modell bei der Atelierkollegin Hedwig Wittekind im Jahr 1927. Die Büste wurde mit einer Bewerbung an der Académie Colarossi, Paris, eingereicht.

die Porträtierten damit einverstanden? Zumindest hielt dieser Stil bei ihr nicht lange vor. Die naturgetreue Aufnahme des Porträtierten behielt die Oberhand in einer weichen Wiedergabe des Ausdrucks, wie es sich in der Ende der zwanziger Jahre entstandenen Büste von Käthe Kollwitz zeigt, eine für die Bewerbung an die Académie Colarossi gefertigte Plastik.

Bemerkenswert bleibt, wie Hedwig Wittekind den Weg als Künstlerin zu leben umsetzte. Bei Abschluss ihres Studiums war sie einundzwanzig Jahre alt, suchte sich Wohnung und Atelier in Berlin, lernte durch Kollegen und Kolleginnen andere Lebensentwürfe kennen als den von einer Tochter aus bürgerlichem Hause erwarteten. Mit dem Wunsch, als Frau und Kunstschaffende Anerkennung zu finden, blieb sie in den zwanziger Jahren nicht allein. Aus dem Umfeld des nunmehr staatlichen Bauhaus Weimar sind vergleichbare Kämpfe der Malerinnen, Bildhauerinnen und Architektinnen bekannt geworden, die ihr eigenständiges Arbeiten öffentlich mit Nachdruck präsentieren wollten und dabei beharrlich darum kämpfen mussten. Diese erste Emanzipationsphase – 1933 unterbrochen und kriegsbedingt 1945 beendet – beginnt für Hedwig mit dem Abstieg vom Bildhauerischen ins Kunstgewerbliche und damit vom finanziellen Notstand in die familiäre Abhängigkeit.

Es waren nicht Studienjahre, die Hedwig in Paris an der Seine verbrachte. Aus den zwei Seiten des Fotoalbums lassen sich gerade einmal ein paar Monate an der Académie Colarossi herauslesen. Ob sie die *«Buste de Kate Kollwitz»* im Paket verschnürt nach Paris geschickt hat oder ob sie ihr als Entrée zum Studium diente, wissen wir nicht. Sie ist bis heute unauffindbar, aber bestimmt hätte sich mit der auch in Paris bekannten Kollwitz ein Stipendiengeber finden lassen. Leider wurden alle Unterlagen der Académie Colarossi genau in jenem Jahr 1930 vernichtet, weil nach dem Tod des Monsieur Colarossi die von ihm betrogene Ehefrau jede Karteikarte und viele wertvolle Dokumente verbrannte.

Dennoch finden sich zur Académie Colarossi eine ganze Reihe bekannter Namen aus Malerei und Bildhauerei. Ein *«kollegialer Ratgeber für Malerinnen und solche, die es werden wollen»* aus dem Jahr 1897 zeigte, wie es um die Räumlichkeiten in Colarossi und anderen großen Akademien in Paris bestellt war.

Colarossi firmierte darin als die «Académie bohèmienne» im Quartier Latin. Bröckliges Mauerwerk, ein mit Efeu und Wein umrankter Hof, eben ganz so wie sich der Laie ein Künstlerambiente vorstellt. Bei Colarossi konnten schon Ende des 19. Jahrhunderts verschiedene Materialien und Genres für die Kunst genutzt werden: Gips und Stillleben, Kopf und Akt, Oel und Aquarell und *«sogar Klassen, in denen Herren und Damen zusammenarbeiten»*. Und nicht nur das. In den Abendklassen stehen männliche Akt-Modelle zur Verfügung, eine Ungeheuerlichkeit, die im Berlin der Kaiserzeit noch undenkbar war. So ungeniert war der Umgang – sprich das künstlerisch freie Leben – in Paris.[60]

Die anderen Akademien schnitten in den Augen der Ratgeberin Henriette Mendelssohn zwar als weniger skandalös ab, aber dennoch gab es reichlich Kritisierbares. Die größte und angesehenste war die Académie Julian mit vier Ateliers. Die Chronistin beschrieb sie als Institution mit schlechtem Licht und schlechter Luft, an allen vier Standorten hatte sie etwas auszusetzen, aber sie wären eben *«zu einer Sache der Mode»* geworden. Daneben gäbe es noch eine Académie Delécluze und einige Privatateliers. Am Ende des Textes erfährt man das wahre Motiv für diesen abschätzigen Ratgeber: wären die jungen Künstlerinnen doch in ihrer deutschen Heimat geblieben, dort hätten sie *«harmonisch reifen»* können. Heute wissen wir, dass viele später berühmte Künstler die Pariser Akademien aufsuchten. Käthe Kollwitz erinnerte sich voller Begeisterung an ihre beiden Parisaufenthalte 1901 und 1904 und an die Académie Julian. Paula Modersohn-Becker, Malerin der Worpsweder Künstlerkolonie, besuchte die Académie Colarossi ebenfalls zu dieser Zeit.

Hedwig Wittekinds Aufenthalt in Paris war somit recht kurz. Wer ein Pensionszimmer anmietete, musste mit der doppelten Miete im Vergleich zu einer Berliner Unterkunft rechnen, zudem waren die Schulgebühren recht hoch. Angesichts ihrer knapp bemessenen finanziellen Ressourcen ist es wahrscheinlich, dass sie mit einer finanziellen Förderung den Pariser Aufenthalt bestreiten konnte. Durch die Künstlergemeinschaft PORZA wäre eine derartige Unterstützung möglich gewesen. Gegründet im Jahr 1923 in dem kleinen Dörfchen Porza bei Lugano im Tessin durch ein schweizerisches, russisches und deutsches Künstler-Trio namens Mario Bernasconi, Arthur Bryks und Werneralvo von Alvensleben widmete sich PORZA der Aufgabe, die Künstlerschaft der verschiedenen Nationen zusammenzuführen. PORZA-Gruppen entstanden in der Schweiz, Deutschland, Frankreich, Polen, Holland und der Tschechoslowakischen Republik. Sie organisierten 650 Ausstellungen in Deutschland, gründeten eine Zeitschrift, und die größte Unterstützung war die Unterbringung in einem der PORZA-Heime gegen geringes Entgelt im Ausland. Mehrere Bekannte Hedwigs waren Mitglieder in dieser Künstlergemeinschaft. An der 64. Ausstellung der Berliner Secession 1931 nahm Hedwig Wittekind mit einem Selbstbildnis teil. Der Katalog dazu wurde von der Berliner Landeszentrale e.V. der PORZA herausgegeben. Ein Ball der Künstlergemeinschaft hatte oft eintausend Besucher, und vielleicht gehörte Hedwig Wittekind in die Kategorie der zu fördernden jungen Talente, die mit fünfunddreißig Jahren noch nicht zu alt waren.

Angekommen als Künstlerin

Wie sich Hedwig Wittekind in der ersten Hälfte der zwanziger Jahre «über Wasser» halten konnte ist – wie gesagt – ungeklärt. Trotz der erwähnten Präsentationen mangelt es an Nachweisen in den Verzeichnissen der Berliner Künstlergemeinden. Weder in der Archivdatenbank der Akademie der Künste in Berlin ist ihr Name zu finden noch in der sachthematischen Sammlung zur Berliner Secession inklusive der Archivalien im Zentralarchiv der Staatlichen Museen. [61]

Im Verein der Berliner Künstlerinnen war sie kein Mitglied. Aber gerade als Künstlerin muss sie doch im öffentlichen Leben, vielleicht auch in einigen gesellschaftlichen Kreisen in irgendeiner Weise bekannt geworden sein! Wenn es über ihre künstlerische Existenz wenig Nachweise in den Berliner Archiven gibt, so ist es umso erstaunlicher, dass eine im Bundesarchiv Berlin archivierte Karteikarte den Eintritt Wittekinds in die NSDAP Wittekinds beweist. Vermerkt ist ihre Mitglieds-Nr. 2650169, ihr Geburtsdatum ohne Ort und ihre Berliner Adresse in der Lohmeyerstr. 17. Ein Stempel bestätigt den 1. Mai 1933 als Beitrittsdatum, ausgerechnet zu einem Zeitpunkt, an dem eine Aufnahmesperre für Neumitglieder in Kraft getreten war. [62]

Die Karte vermerkt ebenfalls den Parteiaustritt mit dem in Bleistift geschriebenen Datum: «VII. 34 lt. Berlin». Damit dürfte der Juli 1934 und als Quelle („lt“ = laut) eine Berliner Dienststelle der NSDAP gemeint sein. Da Vater und Bruder Wittekind zu dieser Zeit von dem nationalsozialistischen Programm überzeugt waren, hatte Hedwig sich vielleicht gleichfalls als Mitglied werben lassen. Kurz vor ihrem Eintritt in die Partei soll sie eine Hitler-Büste nach Zeitschriftenvorlagen angefertigt haben, die in einem Geschäft in der Büdinger Altstadt ausgestellt werden sollte. Diese Nachricht verbreitete die NSDAP im Büdinger Anzeiger. [63]

Für die Überprüfung von Hedwigs Wittekinds politischer «Zuverlässigkeit» im Frühjahr 1934 für eine Aufnahme in die Reichskammer der bildenden Künste – entsprechend einem Gesetz vom September 1933 – konnte sie damit den notwendigen Nachweis ihrer NSDAP-Mitgliedschaft erbringen. Als Mitglied der Kammer konnte sie weiterhin ihre

Werke verkaufen. Ihr anschließend erfolgter Austritt im Sommer 1934 fällt zusammen mit der Distanz ihres Bruders Albrecht zur Partei. Ihre in den Briefen an den Bruder in den vierziger Jahren geäußerten kritischen Anmerkungen zur NS-Politik lassen keine Zweifel an ihrer kritischen Einstellung.[64] Weitere Belege zu diesem Vorgang fehlen.

Aus ihren Briefen geht zumindest hervor, dass sie mit Unterbrechung in der Kunstkammer als Mitglied eingetragen war. Im Jahr 1942 schrieb sie zur Kunstkammer, dass sie nun *«raus ist»*, aber *«auch wieder eintreten kann, haben sie geschrieben, ich solle mir meine Nummer merken, die ich dann angebe»*. Ein paar Monate später tritt sie *«mal schnell wieder ein, um da wenigstens geschützt zu sein»*. Eine Mitgliedschaft war deshalb wichtig, weil Hedwig mit der Produktion von kunstgewerblichen Produkten begann. Einem Auftrag aus Posen hätte sie nur unter dem Namen ihrer Kollegin Elsa Pohl nachkommen können, die ihr das angeboten hatte. Aber das mochte Hedwig Wittekind dann doch nicht. Es zog sich wie ein roter Faden durch ihr Künstlerleben, dass sie manchmal sehr gut vom Verkauf ihrer Arbeiten leben konnte und manchmal in prekäre Verhältnisse abrutschte.

In Zeiten grassierender Inflation und einer ökonomischen Entwicklung, die sich in den krassen Gegensätzen der sichtbaren Armut in Arbeiterfamilien und dem dekadenten Leben in den so bezeichneten «goldenen zwanziger Jahren» manifestieren, hat die junge Künstlerin aus ihrem Alltagsleben nichts hinterlassen. Im Jahr ihres Einzugs in das Atelierhaus im Siegmunds Hof bezahlte Käthe Kollwitz 150 Mark Miete (1912), dazu musste jede Künstlerin die Materialkosten aufbringen und das eigene Leben unterhalten. Unbekannt geblieben sind auch Freunde und Bekannte aus ihrem Leben dieser beiden Jahrzehnte in Berlin. Es gab Kostümfeste, Musikabende, Treffen mit Künstlerkollegen – über ihr gesellschaftliches Leben hat Hedwig offenbar nichts an ihre Familie berichtet. Aber warum sollte sie dem skeptischen Vater, der Stiefmutter oder den jüngeren Brüdern über Freunde, Liebhaber und wilde Feste schreiben? Allenfalls enge Freundinnen wären geeignet, private oder gar intime Ereignisse zu erfahren. Und so ist es nicht verwunderlich, dass heute persönliche Schilderungen nicht zu finden sind. Erst aus dem Jahr

1941 gibt es Hinweise auf eine mögliche Bekanntschaft, die schwarz auf weiß als Beleg auftaucht. In ihren Briefen der Jahre 1941/42 berichtet sie über mangelndes Schreibgerät und fehlendes Papier. Im März und April benutzte sie Briefpapier aus dem Hause von Martha Boschwitz. Es ist ein Papier mit privatem Briefkopf und ein Geschäftspapier der Firma «DESA» – Deutsche Export Gesellschaft m.b.H., gegründet 1917. Beide tragen die Berliner Anschrift Augsburger Straße 19 im Briefkopf. Ob es ein Zufall gewesen ist, an solche Geschäftsblätter heranzukommen, oder ob sich hinter der Privatanschrift eine Freundschaft vermuten lässt, ist kaum herauszufinden.

Martha Boschwitz war Malerin, musste ihren Beruf aus familiären Gründen aufgeben. Ihr Ehemann Sally war 1915 plötzlich gestorben, sie hatte zwei Kinder zu versorgen und wurde Unternehmerin. Sie lebte im Haus ihres Schwagers am Berliner Hohenzollerndamm 81. Auf dem Gehsteig vor diesem Haus wurde 2019 ein Stolperstein verlegt für sie und ihren Sohn Ulrich.

Da ihr Schwager kurz nach der Wahl Hitlers zum Reichskanzler die Zeichen der Zeit frühzeitig erkannte und seine Emigration im November 1933 vorbereitete, musste Boschwitz das Haus verlassen und eine andere Wohnung suchen. Für die nächsten zwei Jahre lebte sie in der Augsburger Straße gemeinsam mit ihrer Freundin Helene Schain.[65]

Als sich ein weiterer Aufenthalt in Berlin durch schwerwiegende familiäre Einschnitte als unrealistisch erwies – ihre Tochter war bereits nach Palästina emigriert, ihr Bruder Dr. Alexander Wolgast, ein Rechtsanwalt, wurde auf offener Straße erschossen –, sah sie als Witwe mit jüdischem Familienbezug keine Zukunft mehr in Berlin. Die leeren Briefbögen übergab sie Hedwig Wittekind, die ihr vertraut gewesen sein muss. Martha Boschwitz war bekannt für ihre soziale Einstellung, hatte ein offenes Haus geführt, viele Einladungen ausgesprochen und einen großen Freundeskreis, zu dem offenbar Hedwig Wittekind gehörte. Als Wittekind in ihren Erinnerungen von jüdischen Freunden schreibt, die alle rechtzeitig emigrieren konnten, könnte sie auch Boschwitz gemeint haben.

Durch Wittekinds Werkverzeichnis ist belegt, dass von 1927 bis Mitte der dreißiger Jahre eine ihrer produktivsten Phasen war. Die Abbildun-

Mit diesem Selbstbildnis und einer Porträtbüste von Professor Georg Kolbe (Skizze aus Gips) beteiligte sie sich an der 64. Ausstellung der Berliner Secession 1931

gen von Büsten in Bronze und Ton, Skulpturen und Krippenensembles reihen sich Blatt um Blatt aneinander. Im Werkverzeichnis nicht aufgenommen sind drei weitere plastische Arbeiten, die sich heute noch im Besitz der Familie befinden. In der Frühjahrsausstellung vom Mai/Juni 1929 der Preußischen Akademie der Künste zu Berlin ist unter der Nummer 367 ein Kalb in Bronze eingetragen. Und im Katalog der 64. Ausstellung der Berliner Secession mit dem Titel «Künstler unter sich» Frühjahrsausstellung 1931 – Plastik – Malerei, sind unter den Nummern 100 und 101 von Hedwig Wittekind, Berlin, verzeichnet: eine Porträtbüste Professor Kolbe (Skizze), Gips und ein Selbstbildnis aus Bronze. Georg Kolbe gehört zu den bekanntesten Bildhauern des 20. Jahrhunderts. Wie Käthe Kollwitz war er im ersten Drittel des Jahrhunderts Mitglied und später im Vorstand der Berliner Secession und verhalf über seine Bekanntheit jungen Künstlern zu Anerkennung und möglichen Aufträgen. Zu dieser Zeit war die Berliner Secession eine Künstlergruppe, die in Abgrenzung zum akademischen Kunstbetrieb durch ihre zeitgenössische und dem Impressionismus zugewandte Strömung mit ihren Ausstellungen zum Publikumsmagnet geworden war.

In den Wintermonaten im Februar 1929 entstand auch eine Büste ihres Vaters, die noch erhalten ist. Nicht jede ihrer Arbeiten, die sie für Verwandte schuf oder an Freunde verkaufen konnte, scheint im Verzeichnis aufgenommen worden zu sein.

Nach dem Auszug von Käthe Kollwitz und Hedwig Wittekind 1928 aus dem Siegmunds Hof begegneten sich beide Bildhauerinnen vermutlich in diversen Ausstellungsräumen, persönliche Begegnungen sind nicht weiter bekannt geworden. Beide Frauen befanden sich in den dreißiger Jahren vor eigenen Herausforderungen. Kollwitz, die seit 1919 Mitglied in der Preußischen Akademie der Künste war, wurde 1933 ihres Postens im Vorstand enthoben (zum Austritt gezwungen) und verlor ihre Professur, die sie seit 1928 innehatte. Sie wurde in dieser schwierigen Zeit von ihrer Familie aufgefangen, und die einst Zweifelnde am Ehe-Künstler-Leben fand dort ihren Halt.

Plastische Arbeit, die in der Frühjahrsausstellung 1929 der Preussischen Akademie der Künste zu Berlin ausgestellt wurde

Dagegen wird das Bohemienne-Leben, das sie bei Hedwig Wittekind ein wenig glorifiziert hatte, zur Kunst des Überlebens, je schneller sich der lang prophezeite Kriegsbeginn näherte. Auch Wittekind brauchte Menschen, die ihr zur Seite standen, die sie materiell und emotional unterstützten. Und nicht nur das. In den Kriegsjahren ließen die Aufträge nach, und sie hatte mit der Zahlungsmoral ihrer wenigen Auftraggeber zu kämpfen. Der Preis wurde gedrückt oder die Ware nicht bezahlt. Es war ihr Bruder, ohne dessen Hilfe sie kaum die bedrückende Zeit durchgestanden hätte.

Im Sommer 1941 bat sie ihn um seinen Rat als Rechtsanwalt. Es ging um den praktischen Arzt Dr. Günther aus Berlin-Neukölln, der für einen kleinen Kinderkopf das vereinbarte Honorar drücken will. Aber sie ist schon aus Existenzgründen genötigt auf Bezahlung zu drängen. Es begann mit Ausreden, er habe gerade kein Geld im Haus, dann drückt er ihr 20 Mark in die Hand. Sie schildert dem Bruder in mehreren Briefen ihr Problem. Diese Geschichte zeigt das bei vielen Künstlern typische Dilemma: die eigene Kunst als Ware sehen zu müssen. Am Anfang musste die Frage geklärt werden, ob es überhaupt ein Auftrag war, der zu bezahlen ist, auch wenn es nichts Schriftliches gab. Dann weiß sie nicht, wie viel sie für das Köpfchen verlangen soll. Für 70 Mark könne man doch keine Büste erstellen, schließlich nannte sie als Preis 150 Mark. Über den Fall schrieb sie ihrem Bruder:

«Lieber Albrecht, anbei der Fall Wittekind gegen Günther. Du weißt ja wie es sich verhält und ein Auftrag war es sicher, aber ein Kauf ist es doch? Er sagte, sie werden das schon machen, ich will es abstottern, nun hat er, als ich plötzlich abgereist bin, das Stottern verlernt – im Ganzen 70 M bezahlt. – Schriftliches war von Anfang an nichts vorhanden. Er hat keine Belege für seine 70 M, ich keinen, daß er es gekauft hat. Ich weiß nicht, was ich tun kann, jedenfalls ließ er mir die Briefe (zwei Briefe) unbeantwortet und die Nachnahme von 80 M kam heute zurück. Für 70 M kann man keine Büste kaufen. Ich weiß nun nicht, ob, da gar nichts festes ausgemacht war, überhaupt juristisch etwas zu machen ist. Ich möchte es aber nicht so ruhen lassen. Ich habe, abgesehen von der künstlerischen Arbeit eine Stuckform gemacht,

als ich damals das Ding geliefert habe, sagte er, ich solle ihm eine Rechnung schreiben. …

Die Sache gerichtlich in Angriff zu nehmen, lassen wir es sein. Es soll nur für die kommenden Fälle eine Warnung sein. Die Zunft ist schwer, aber das Leben fast noch schwerer. Ich weiß nicht, wovon ich leben soll. …

Meine Prozeßsache mit dem Dr. Günther wird wahrscheinlich jetzt in Angriff genommen Der Rechtsanwalt Kaul sagt, ich werde unbedingt recht bekommen, falls der Preis nicht zu hoch ist. Der Vater hat ihm alles auseinandergesetzt. Ich habe nun einen (Brief) geschrieben u. das Photo beigelegt, um mir bestätigen zu lassen, daß 150 M nicht zu viel ist…» [66]

Auch im darauffolgenden Jahr 1942 musste der Bruder dabei helfen, ihr Recht auf Bezahlung durchzusetzen. Und nicht nur das. Mittlerweile setzten sich Freunde für sie ein, damit sie überhaupt an Aufträge kam. Es waren Teo und Franziska Gebürsch, er Maler, sie Zeichnerin, die seit 1929 in Berlin lebten. Sie wurden Freunde, die ihr auch bei anderen Ge-

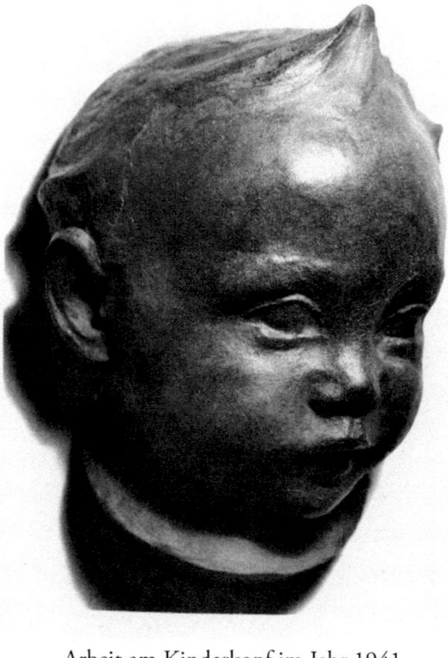

Arbeit am Kinderkopf im Jahr 1941

legenheiten mit Ratschlägen zur Seite standen. In diesem Fall vermittelte Gebürsch ihr den Auftrag zu einem Gemälde. Nun hakte es mal wieder am Geld, und Bruder Albrecht übernahm das Prozedere und übermittelte ihr den Ausgang seines Einsatzes im September 1942: *«Immerhin hat also nun die Frau Wenzel RM 100,- geschickt. Besser als nichts! Aber ehe ich nun weiter etwas unternehme, muß mir doch Gebürsch vor allem einmal mitteilen, was er nun eigentlich für das Bild haben will. Einstweilen bin ich mit dem Teilresultat zufrieden und werde bis auf Anruf die Sache beruhen lassen. Teile ihm das bitte mit.»* [67]

Drei Tage später erhält man Einblick in eine Reflektion, die sich gut in die seinerzeitigen Gedankenspiele von Käthe Kollwitz zwanzig Jahre zuvor einbinden ließe.

«Lieber Albrecht, ich sitze eben in der Wohnung von Gebürschs, die verreist sind. Ich soll mich abends hier aufhalten, nachts hier schlafen, den Emil (die Katze) füttern. – Es ist furchtbar still u. einsam hier – ich habe nun aber ein Kinderköpfchen in Brennton mitgebracht, an dem ich nachher arbeiten werde. Ich tät nur gern das Radio anstellen, kann aber nicht damit umgehen. – Ich muß also, wegen der Geschichte mit der Wenzel warten bis sie geschrieben haben u. schreib ihnen dann, was Du mir darüber schreibst.

Wenn man bedenkt – der Teo – wirklich? Er ist nicht begabter als ich und verdient Geld wie Heu eben. Nur weil er an sich glaubt. Sollte es mir denn nicht möglich sein, auch auf die Beine zu kommen? Morgen hab ich einen freien Tag. Da will ich so viel ich kann arbeiten.

Ja – der Teo hat ja auch eine Frau, die für ihn kocht und einkauft. Das mach ich aber selber u. noch Modell stehen dazu. Ich habe einmal den Anschluß verpaßt – als ich jung war.» [68]

Ob sie mit dem verpassten Anschluss eine Partnerschaft meint, die sie hätte eingehen können? Man hört aus ihren Worten Verzweiflung und mangelndes Selbstbewusstsein – vielleicht als Frau, vielleicht als Künstlerin oder aus beiden Gründen. Und das in Kriegszeiten! So teilt sie das Schicksal mit vielen anderen Künstlern, die keine finanzielle Sicherheit durch eine andere berufliche Einnahmequelle haben. Und doch ist sie mutig genug, ihre Kunst nicht aufzugeben.

Dennoch sind es die Krisenzeiten, die offenbaren, dass ohne einen wie auch immer gearteten Rückhalt, sei es Ehefrau oder Ehemann, Freunde oder Familie, also ohne ein zweites Standbein, alles Künstlerische vor dem Alltäglichen zurückstecken muss.

Hedwigs Krisenjahr 1941

Das zweite Kriegsjahr wurde für Hedwig Wittekind zu ihrem Krisenjahr. Zu einem Zeitpunkt, als längst Lebensmittelkarten eingeführt und mit rationierten Marken essenzielle Einschränkungen spürbar wurden, tendierte die Nachfrage nach einer Büste, gar einer Skulptur gegen null. Hedwigs ausschließliche Einnahmequelle wurde das Modell-Stehen – entweder vormittags oder abends. Ohne diese Stunden hätte sie nichts zum Leben, schrieb sie in einem der ersten Briefe. Es sind Briefe, die über die nächsten zwei Jahre zwischen ihr und ihrem Bruder Albrecht hundertfach über Misere und Ratlosigkeit berichten. Vor allem kreisen sie um die grundsätzlichen Fragen aller Künstler und besonders Künstlerinnen: Wie lässt sich die Bildhauerei mit der Alltagsrealität vereinbaren, an welchen Orten kann das gelingen und wer könnte ihr dabei behilflich sein. Die letzte Frage ist leicht zu beantworten, denn es ist nur ihr Bruder, der in der Lage zu sein scheint, sich in ihre Situation zu versetzen und dies vor allem auch will.

Bruder Albrecht lebte 1941 nicht mehr in Büdingen. Nachdem er im Juni 1940 als Soldat am Frankreich-Feldzug teilgenommen hatte, wurde er aufgrund seiner hervorragenden Französischkenntnisse in dem Kriegsgefangenenlager Stalag IX A (Stammlager) in Ziegenhain/Bezirk Kassel als Dolmetscher eingesetzt. Daher der Briefwechsel, der es heute ermöglicht, uns in die von Hedwig geschilderte berufliche Misere hineinzuversetzen. Sie würde sich wohl gerne mit ihm intensiver beratschlagen, auch telefonisch ihre persönlichen Planungen besprechen, aber das schien für Albrecht aus dem Kriegsgefangenlager heraus entweder nicht möglich oder nicht das geeignete Mittel zu sein. Einer der ersten Ratschläge, um die ihn Hedwig bat, war rechtlicher Natur und es ging um eine Auseinandersetzung mit ihrem Vater.

«Lieber Albrecht,

(Diesen Brief habe ich 8 Tage aufgehoben in der Erwartung einer Antwort vom Vater. Es ist nichts gekommen.)

Ich schicke Dir anbei, was ich von Vater zur Unterschrift zugesandt bekam. Ich habe ihm bereits am 24. X. darauf geantwortet und ihn dabei gebeten, Dir von seinem Entschluß Mitteilung zu machen. Er hat es hoffentlich inzwischen getan und ihr habt Euch darüber verständigt. Ich halte es für mein gutes Recht als Schwester Dich um Rat zu fragen. Findest Du diese Forderung gerecht? Gefühle ganz beiseite!

Ich bekam seit dem Jahr 1926 bis 1935 von Vater monatl. 100 Mark. Diese hatte er mir damals 1926 als ich krank war, selbst angeboten. Hätte er mir zugleich gesagt, daß das Geld nur geliehen ist u. mir nach 10 Jahren vom mütterlichen Erbteil abgezogen würde, hätte ich es vielleicht vorgezogen, sie auszuschlagen und versucht mich so gut es eben ging, selbst durchzubringen. Zumal da die Zeiten damals immer noch besser waren als heute, und ich 10 Jahre jünger. Immer aber menschliche Gefühle beiseite gelassen, denn ich hätte es vielleicht lieber wohl zurückweisen sollen, also abgesehen von solchen Gefühlsgedanken ist ein solches Anerbieten, das anfangs als Unterstützung gelten sollte, nicht nachträglich, nach 10 Jahren, als nur geliehen zu werten. Das ist schon rein rechtlich unzulässig.

Von den 15 Jahren also, die hier in Frage kommen, fallen allein 10 weg, da eben, wie gesagt ein Geschenk nicht nachträglich als Leihgabe umgewertet werden kann. Was die übrigen 5 Jahre betrifft so will ich nicht kleinlich sein, obwohl eine gewisse Verpflichtung des Vaters zur Unterstützung eines arbeitslosen Kindes besteht. Nun, urteile selbst und vertrete so nach bestem Gewissen meine Angelegenheit beim Vater.

Ich habe dem Vater auch geschrieben, er möchte Euch doch Grüße sagen u. drum bitten mir doch mal Photos von Arno zu schicken. Ich nehme großen Anteil an dem Kind u. an Euch auch, trotzdem ich so trocken schrieb, bin ich dem Vater für alles was er getan hat für immer dankbar u. innerlich verbunden. Das habe ich ihm auch geschrieben. Ich habe eine schlaflose Nacht gehabt nach diesem Brief, der von so viel Entfremdung sprach. Wir wollen doch nicht auf unsere alten Tage noch solche häßlichen materiellen Streitigkeiten haben. Trotzdem muß ich auf meinem Recht bestehen. Ich könnte ja Wohlfahrtsunterstützung beziehen, die dem Vater vom Gehalt abgezogen würde. Ich tue es nicht aus Rücksicht auf ihn u. weil ich es nicht mehr als für recht u. billig halte. …

Ich bekomme bloß noch die Miete u. auch diese habe ich von ihm selbst angeboten bekommen. Genug davon. Elisabeth muß mir doch mal von Euch u. den beiden Kindern erzählen. Herzliche Grüße D.H.» [69]

Nach dem Tod der Mutter im Jahr 1920 hatten die drei Kinder einen Erbanteil zu erwarten, der ihnen nach dem Ableben des Vaters ausgezahlt werden würde. Darauf nahm sie in diesem Brief Bezug. In all den Jahren kam keiner der Geschwister darauf zu sprechen. Durch Hedwigs finanzielle Notlage kamen unausgesprochene Gefühle nach Jahrzehnten wieder hoch. Den nahtlosen Übergang von der Mutter zur künftigen Stiefmutter im Jahr 1921 nahm sie weiterhin als Kränkung auf. Sie wurde wütend, als sie auf der Suche nach Familienfotos die alten Aufnahmen verschimmelt vorfand. Den achtlosen Umgang lastete sie ihrer Stiefmutter Else an, mit der es auch ohne dieses Vorkommnis kein Einvernehmen gab. Sie waren unterschiedlichster Natur, und zwischen Künstlerin und ehemaliger Diakonie-Schwester harmonisierte gar nichts. Die vernachlässigten Fotos führten zu einem heftigen Disput. Gegenüber ihrem Bruder Albrecht machte Hedwig sich Luft:

«Daß ich in meinem Ärger, daß die Bilder von der Mutter verschimmelt sind, gesagt habe, wenn's ihre gewesen wären, wär' das nicht passiert, ist auch jetzt noch meine Meinung. Ich sage aber nichts mehr. Wenn ich kleinlich wär', so wollte ich nicht bloß die paar wertlosen Bildchen, sondern die Wäsche, den Nachttisch und alles, was mir eben nicht einfällt, was die Mutter besessen hat und von Rechts wegen mir gehört, was aber die Mutter Else benutzt, wozu ich nichts gesagt habe. – Sei also gerecht, lieber Albrecht – Sie sitzen in den Möbeln drin, ich habe nicht mal ein Bettuch zu verlangen. – Ich habe allerdings mal vor Jahren von der Mutter Else zweimal Bettzeug und Waffelstoff bekommen, das ist alles - aber alles, was der Mutter gehört hat, an Geschirr u.s.w. benutzt sie. Ich sagte niemals was dazu. Ich habe nur die paar alten Bildchen gehabt und die wollte ich nicht in dem Zustand sehen. Aber, wie gesagt, wenn ich nur den Mund auftue, (stoße) ich bei diesen an sich so habgierigen Materialisten auf einen Widerstand, daß ich als Zankapfel dastehe – aber darum soll man mich in Ruhe lassen, das sag ich Dir auch …

– ich bin nicht Euer Sklave – Schönen Gruß und überleg mal, ob Du selbst Dich denn besser kennst, als ich mich.» [70]

Das geschah wohl zwei Wochen nach ihrer erneuten Rückkehr nach Büdingen. In ihrem Elternhaus zu wohnen war keine Option nach den früheren Kränkungen und Zurückweisungen, die ein Leben unter einem gemeinsamen Dach ausschlossen. Bevor also ein Wohnortwechsel überhaupt in Frage kam, spielte sie alle möglichen Einsparungen für ihr Berliner Leben durch, die einem Wechsel im Wege stünden: das Telefon abbestellen, um die Grundgebühr von sechs Mark zu sparen, die Wohnung untervermieten, zumindest den Atelierraum, eventuell die Katzen töten. Grund für solche Überlegungen waren die zunehmenden Flieger- und Bombenabwürfe, die mal wieder ganz in ihrer Nähe am Innsbrucker Platz eingeschlagen waren, sogar bis in den Keller hinunter. Da sie im vierten Stock wohnte, befand sie sich in einer gefährdeten Lage und harrte ängstlich in ihrer Wohnung bis zum nächsten Hauptalarm aus.

Ein erster Vorschlag Albrechts betraf aber nicht ihre Wohnungssituation, sondern eine finanzielle Absicherung, die ihr einen unabhängigen, aber gesicherten Lebensalltag erlauben würde. Mit ihren Französischvorkenntnissen aus der Schulzeit könne sie doch auf ein Dolmetscher-Examen hinarbeiten und hätte längerfristig ausgesorgt, schlug er ihr vor. Allein in seinem Bereich im Stalag fehle es an Fachkräften, die beispielsweise die Post kontrollierten. Das sei eine recht unkomplizierte und wenig belastende Arbeit. Soldatenkost gäbe es dazu und selbst nach dem Krieg wären ja auch angenehmere Auslandseinsätze eine nicht schlechte Perspektive. Albrecht kam sofort zur Sache. Er empfahl als Einstieg eine ganze Reihe an französischen Klassikern, um ihren Wortschatz aufzufrischen. In mehreren Paketen kamen ihr ins Haus die Bücher von Alphonse Daudet und von Honoré de Balzac sowie von Edward Brooker. Zur Entspannung wären auch die Märchen aus «Tausendundeine Nacht» geeignet, fügte er an. Dann wären dort noch einige Geschichten von Edgar Allen Poe, die aber ein ziemlich perverses Zeug seien, soweit man vor 100 oder 150 Jahren schon pervers sein konnte, fügte er an. Mit dem ersten Bücherpaket folgten entsprechende Lesetipps:

«Auch ein paar Kriminalschmöker wie ‹Les Requins d'Hollywood› können einmal ganz angenehm zu lesen sein. – Der ‹Marchand de bonheur›, den ich angefangen habe, ist vielleicht etwas zu ‹mou› (weich) für den deutschen Geschmack, der uns ja immerhin zu einem gewissen Grad anhaftet. Aber Künstler ist der Daudet. Die ‹Lettres de mon moulin› sont certainement exquises, je me rapelle n'y etre beaucoup intéressé quand nous les lisions à l'école. – Über Balzac brauche ich wohl nichts zu sagen, auch ‹Ursule Mirouet› wird sicher sehr gut sein. – Wenn Du sie alle durchhast, wird Dein Wortschatz beträchtlich gewachsen sein.» [71]

Als zusätzliche Übung schrieb Hedwig ihm auf Französisch. Bei ihrem impulsiven Charakterzug muss das für sie eine regelrechte Geduldsprobe gewesen sein. Denn ihre schon in Deutsch verfassten Briefe zu entziffern ist eine Kunst für sich.

In französischer Sprache musste sie aber ein lesbares Produkt liefern, sonst lief jeder Korrekturvorschlag unweigerlich ins Leere und nur Graphologen hätten ihre Freude daran gehabt. Somit war ihre Geduld nach sechs Wochen aufgebraucht. Diesen langwierigen Austausch in einer sich zuspitzenden finanziellen Krise hielt sie nicht durch. In einem dieser Briefe erklärt sie ihm ein weiteres Mal ihre Situation:

«Auch will ich den Eltern nicht böse sein, Du weisst, dass man mich nicht modellieren lässt, nur auf dem Trockenboden wie das andere Mal. Ich brauche genug Freiheit, allein sein, ohne das kann ich nicht atmen. Ich habe Lust Porträts zuhause zu machen. Ich habe ein Porträt von Irmgard begonnen - das interessiert mich sehr. Alle sagen mir, keine Beziehung zu den «Behörden». Man wird mir keine Freiheit mehr lassen - ich kann nicht ohne ein wenig Freiheit leben, um zu arbeiten. ... Ich bin nur eine Künstlerin, in einer schlechten Lage - aber das hängt nur von äußerlichen Dingen ab. Falls ich eines Tages genug Zeit habe, um gute Porträts zu machen - wird mir alles gelingen. Eines Tages vielleicht wird die Sonne des Glücks über meinem Kopf zu sehen sein. Ich werde mich dann wie eine Blume im Frühling entwickeln.» [72]

Für das Geld, das ihr Bruder und Schwägerin in den Briefen beilegten, konnte sie endlich ein paar Sachen von der Brennerei holen, die schon lange dort waren:

«Ich stehe viel Modell sonst könnt ich nicht leben. So komm ich leidlich darauf, nur fehlt es immer an Zeit u. Kraft zu meiner Arbeit. Ich drucke eben meine Stuckformen aus und überarbeite alles gründlich. In die Ausstellung des Hilfswerks für unbemittelte Künstler werde ich das Kälbchen u. eine kleine Frauenfigur schicken, sie ist noch nicht fertig. Mir graut's offengesagt … nach Haus zu fahren, weil es das letzte Mal so scheußlich war, ich fühle mich trotz aller Plage hier so wohl. … Schade, daß ihr nicht herkommen könnt. Seht nur in allem immer drauf Euch die Liebe und den Frieden zu erhalten. Das geht alles, indem jeder nur dieses eine im Auge hat und alle Nebensachen dem unterordnet. Hoffentlich höre ich bald von Euch und nochmals herzlichen Dank für alle die schönen und guten Sachen, die liebevolle Art und das lustige Gedicht. … Alles Gute Eure Hedwig.» [73]

Außer den sehr oft in den Brief beigelegten Zehnmarkscheinen schickte Bruder Albrecht Zigarettenpäckchen der Marken Atikah, Lord oder Türkisch 8. Im Gegenzug kam von ihr eine Nachfrage nach Zigarettenpapier, ob er nicht im Brief mal einiges mitschicken könne, sie habe nämlich Tabak geschenkt bekommen und kein Papier dazu. *«Sag mal, Wein, gibt es bei Euch Wein? Man sollte es doch annehmen. Ich finde der Wein macht so eine gute Laune. Ich wenigstens bin ‹ein ausjesproch'ne Weintrinker›. Schnaps macht so dumm.»*

Aus Berlin schrieb sie ihm: *«Hier stellen sich besonders die Männer nach Zigaretten, Zigarren, die besonders knapp sind, in langen Reihen an. Auch Tabak gibt es selten. Ich hatte das Glück von Grapho bezüglich Zigaretten und zwei Päckchen sehr starken Tabak zu erhalten. Der Alkohol ist auch hier, besonders was Schnaps anbelangt, selbst in Wirtschaften, kaum zu kriegen. Nur ganz teuer, Korn gar nicht. Reiche Leute können also doch immer noch was bekommen. Das deutsche Volk wird einmal ein Volk von Antialkoholikern und Nichtrauchern werden. Die … Rationen sind ja auch wieder um*

100 Gramm gekürzt. Deine Geburtstagsgedichte haben mir Spaß gemacht, besonders das letzte, mit dem ‹namhaften Toten›, Aussichten sind das!!!»

Entsprechend bescheiden sind die mitgebrachten Geschenke einer Freundin zu ihrem 45. Geburtstag. Die überreichten Gaben wirken zwar reichlich kurios, sind aber im zweiten Kriegsjahr recht willkommen. Da kam Freundin Elsa mit *«einem netten Körbchen, gefüllt mit zierlichen Maggiwürfelchen und Suppenbüchsen wie Tomate. Und einer – Dose Ölsardinen, ganz groß! Dazu eine lange weiße Wachskerze die mit dem Silberpapier einer Zigarettenschachtel sehr dekorativ umwickelt war. Wir tranken eine winzige Flasche Wein, die aber auf unseren wohl nicht allzu vollen Magen dieselbe Wirkung tat, wie sonst zwei und so war es ganz stimmungsvoll.*

Am Vorabend meines Geburtstags hab ich dem Franz mal geschrieben, daß ich morgen 45 Jahr alt werde – er weiß nämlich meinen Geburtstag so wenig, wie ich seinen. Trotzdem wir uns 25 Jahr kennen. Bin mal neugierig, wie er drauf reagiert. Ich hab ihn nämlich am gleichen Tag, wie der große französische Maler Gauguin, was ich auch schrieb.» [74]

Ihr Freundeskreis in Berlin – so ist den Briefen zu entnehmen – war in diesem Jahr auf wenige Personen geschrumpft. Mal wurde ein Freund Bertram erwähnt sowie ein gewisser Fritz, dann eine Frau, die nur «Krümel» genannt wurde, eine Künstlerkollegin namens Elsa sowie das Ehepaar Gebürsch, ebenfalls beide Künstler. Ob Irmgard und der Grapho wohl Verwandte waren? Beide werden öfter genannt.

Im Briefwechsel des Krisenjahres gab es Lichtblicke, wenn Albrecht ihr beispielsweise eigene Geschichten in den Briefen beilegte und lustige Gedichte dazu, die Hedwig ihrerseits mit so ulkigen *«Dingern»* beantwortete, die Gesichter schneiden. *«Zerrbilder»* sagte Albrecht dazu und das Muster solcher Bilder käme ihm bekannt vor. Da gab es doch schon einmal eine nette Kuss-Szene ähnlicher Art, die ihm Spaß gemacht habe.

Bereits im nächsten Brief schrieb sie erneut von Bedenken wegen der Sache mit der Dolmetscherei. Die Bücher seien recht schön, aber die Umgangssprache lerne man dabei nicht. Zwar war sie von dem Plan recht eingenommen, aber es würden ihr doch kolossal viele Wörter fehlen. Dann kam sie plötzlich wieder auf die abwegige Idee zurück, ganz nach Büdingen zu ziehen.

«Es wär überhaupt besser in der Kleinstadt zu leben. Anfangs müßt ich ja noch von zu Haus ernährt werden. … Nur wenn ich genug gemacht habe, stell ich mal in Frankfurt oder Darmstadt oder vielleicht sogar in Büdingen selbst mal aus. In Berlin komme ich auf keinen grünen Zweig. Schon darum, weil ich ja gar keine Zeit zum Arbeiten habe. Denk bitte mal, daß ich Minderwertigkeitsgefühle habe. Wenn ich sie schon habe, so bloß da, wo ich mich unsicher fühle. Trotzdem, ich werde mit alledem nicht sagen, daß ich so unbedingt dagegen bin, bloß meine ich, ich möchte es nicht übereilen. Wenn es Dir nichts ausmacht, kannst Du ja ganz ruhig mal Erkundigungen einziehen. Es ließe sich ja immer noch drüber reden. Aber stell Dir mich vor: ich bin ungewandt und zerstreut, ich bin eigentlich unfähig, mich meines Verstandes und willensmäßig zu konzentrieren und wenn so keine dringende Notwendigkeit vorliegt – wozu soll ich wieder mal ein Experiment anfangen zu machen, was mir vielleicht wieder das Arbeitsamt auf den Hals laden wird, mit dem ich jetzt Gott sei dank nichts wieder mehr zu tun habe.» [75]

Albrechts Antwort kam postwendend am 2. April 1941, und er versicherte ihr, dass sie mit ihren Französischkenntnissen ganz über dem Durchschnitt liege und darüber gäbe es bei ihm überhaupt keinen Zweifel. Ob diese Sache für sie persönlich ratsam sei, das müsse sie selbst entscheiden. Seitenlang geht er detailliert die einzelnen Punkte durch und überlegt jedes Für und Wider eines künftigen Lebens der Schwester als Dolmetscherin:

«Ich aber meine: Ja. Dein letzter Brief bestärkte mich in dieser Meinung, deshalb, weil Du wohl ohnedies irgendeinen Wechsel vorhast. Ich war direkt entsetzt, als ich hörte: die Kleinstadt!! Nein Hedwig, ich glaube daß das auf eine längere Dauer für Dich schlechterdings unmöglich wäre. Hast Du denn so ganz das Milieu vergessen?? Wo aber auf 100 km im Umkreis nicht ein einziger ist, mit dem Du Dich über Kunst nur unterhalten könntest? Wo eine ganze nur auf Klatsch und Tratsch bedachte Blase zweitrangiger Menschen sich über Dich als Beuteobjekt hermachen würde, um Dich in Deiner künstlerischen und persönlichen Eigenart zu bespötteln und herabzuziehen? Nein, Hedwig, das ist völlig unmöglich. Büdingen ist gut für einige Wochen

Erholung für Dich, aber als bleibender Aufenthalt unmöglich, zumal weder Karl noch ich da sind, wo Du wenigstens teilweise eine Stätte hättest. Die Friedel ist eine zu leere Schale, der Vater ist verbohrt in Anschauungen, die für uns nur seltsam sind und ich gebe Dir die Versicherung: ohne daß Du es willst und obwohl Du Dir das Gegenteil schwörst, wirst Du in den allerersten Tagen mit ihm so aneinander geraten, daß es Dir dann wieder leid tun wird. Denn er meint es ja doch im Grunde genommen so ehrlich!

Aber überzeuge Dich selbst einmal von der Unmöglichkeit dieses Milieus. Geh hin, wohne einige Wochen dort und dann entscheide. Das ist überhaupt mein Rat: Geh erst einmal dort weg, nach Büdingen. Von dort befinde weiter. Ich habe Elisabeth geschrieben, das Zimmer steht Dir also zur Verfügung, dann sind doch in der Wohnung oben zwei Zimmer, das Mädchenzimmer und das als Kinderzimmer gedachte, z.Zt. unbewohnt. Ich empfehle Dir daher, in dem kleinen Stübchen im alten Haus zu schlafen und auch es als Deinen eigentlichen Wohnraum zu betrachten, während Du eines von diesen Zimmern als provisorisches Atelier nimmst. Was noch vorteilhaft ist: in das betr. Zimmer in der Wohnung kannst Du, ohne jedesmal schellen zu müssen oder Schwierigkeiten mit dem Schlüssel zu haben, wenn Elis. gerade weggeht, über den Boden gelangen. Du selbst hast einmal den Vergleich mit dem Stachelschwein aufgebracht: es ist also grundsätzlich immer besser, einander nicht übermäßig nahe zu kommen. In dem betr. Zimmer der Wohnung wäre etwas zu räumen, in dem größeren der beiden steht mein Schreibtisch und der Aktenschrank, zur Zeit pensioniert. Das alles müßtest Du eben einmal sehen. – Dann ist es sehr leicht möglich, daß die Einquartierung demnächst wegkommt, die bleiben ja nie lange, und dann hättest Du gegenüber von dem kleinen ein sehr hübsches Zimmer, als möbliertes eingerichtet, als Wohnzimmer und Atelier.

Also, von dort aus überdenkst Du dann Deine nähere Zukunft. Ich empfehle die Dolmetscherei. Du kannst an sich jederzeit kündigen, nur können sie Dir doch Schwierigkeiten machen und Dir dann mit Heranziehung zu einer Art Arbeitsdienst drohen. Am einfachsten aber würdest Du solchen Schwierigkeiten begegnen, indem Du erklärst, Deine Augen seien zu schwach. Also immer wieder ist es in solchen Fällen die Flucht in die Krankheit, die selbst das beste Heilmittel ist. Du bekämest, wie ich höre, so um die RM 200,- Ge-

halt, könntest je nach Wunsch für sehr billiges Geld die Soldatenkost haben, und hättest wohl einiges Geld übrig, Dir Deine Freizeit zu gestalten wie Du willst. Es wäre auch denkbar, daß in Frankreich eine Zulage besteht, sodaß Du einiges mehr bekämest. Das müßte man dann erst einmal ausmachen.

Du hättest dann einstweilen wohl Ruhe vor Fliegerangriffen, vor Hungergefahr, die in Berlin doch immer drohen kann, wärest mal in einer neuen Umgebung, inmitten des doch durchaus nicht unsympathischen Volkes der Franzosen, könntest Deine Kenntnisse mühelos ganz gewaltig ergänzen, was – man weiß nicht wie – immer von Vorteil sein kann. Und das alles würde ich eben tun, ohne die Brücken hinter mir abzubrechen. Freilich müßtest Du wohl mit dem Hausverwalter darüber einig geworden sein, daß Du das Atelier untervermieten darfst! Vergiß das nicht!

Also komm erst einmal nach Büdingen, bald kommt der Frühling, und da ist der Wald am Eichelsköpfchen und auf dem Pfaffengrund tausendmal schöner als all die komischen Kreaturen, die unser Herrgott in einer merkwürdigen Laune da mitten hineingesetzt hat. Trotzdem: wenn man in so einem Nest lebt, kommt man nicht so ganz um die Berührungen mit dem Volk herum, und ich glaube die würde Dir bald jede künstlerische Inspiration nehmen und Lust und Laune bald gründlich verderben.

… mir ist da noch Verschiedenes eingefallen. In Büdingen wirst Du vor dem fraglichen Zimmer in unserer Wohnung bezw. vis-à-vis den Balkon haben, das kleine Verandachen, ich weiß gar nicht, ob Du es schon kennst. Bei schönem Wetter eine ideale Sache, auch für Dich zum Modellieren. Von der Straße abgelegen, und wenn wirklich ab und zu jemand die Einfahrt zu dem Haus Dr. Beckers hinaufgeht, wird er einen meistens gar nicht sehen. Nur nachmittags dann zu viel pralle Sonne, und leider besitze ich keinen dieser schönen großen Sonnenschirme. Die gibt es auch eben nicht.

Trotzdem: für die Dauer würdest Du dort so ohne jede Anregung in dieser völlig unkünstlerisch eingestellten Umgebung meiner Ansicht nach nichts leisten können. Selbst ich mit meiner doch größeren Anpassungsfähigkeit und weniger rein künstlerischen Seelenverfassung hätte es früher kaum dort ausgehalten, wenn nicht das Auto gewesen wäre! Ich war durchschnittlich alle Wochen 2 mal in Frankfurt, fast jeden Sonntag woanders, im Strandbad Hillersbach oder sonstwo. Da geht das noch an. Aber jetzt??

Das wollte ich Dir noch schreiben: wegen der Erträglichkeit der Dolm. Tätigkeit für Dich kannst Du wirklich unbesorgt sein. Auch was Deine Ungeschicklichkeit in vielen Dingen betrifft, die für einen Durchschnittsmenschen eine Kleinigkeit sind. Ich kenne das, ich selbst habe in etwas schwächerem Maße diesen Defekt. Aber was da verlangt wird, ist nicht viel mehr, als ca. 7 Stunden auf Deinen 4 Buchstaben sitzen zu können; denn ‹verlangt› wird ja sozusagen gar nichts!

Ab und zu wirst Du schon mal eine Stelle in einem Brief finden, die zu beanstanden ist, und da macht man denn einen Auszug, vernichtet auch je nach der Schwere des Falles den Brief, aber es kommt hier bei Leuten vor, daß die überhaupt keine Beanstandungen finden, doch wohl ein Beweis, daß die die Briefe gar nicht richtig lesen – oder lesen können. Und da passiert auch nichts !! Und wenn nun, was Du aber als ausgeschlossen betrachten kannst, eine zu oberflächliche Prüfweise bei Dir auffiele? Was dann? Da könntest Du eben wieder heimgeschickt werden. Aber wie gesagt das scheidet vollkommen aus. Übrigens teilt mir unsere slawische Dolmetscherin mit, ihres Wissens würden bei Eintritt auf Wunsch gleich 3 Monate im Voraus bezahlt !! Beim Militär gilt ja überhaupt das Prinzip des Vorausbezahlens. Eine sehr angenehme Sache !

Um noch kurz auf die Möglichkeit einzugehen, daß Du nach Ffm. oder Darmstadt gingest: weißt Du, seit Ffm. arisiert ist, ist nichts mehr da los. Es ist fast wie ein Dorf. Mit Berlin doch gar nicht zu vergleichen. Die Leute kommen einem kleiner und spießiger vor – also, ich glaube, auch das wäre nichts für Dich, Darmstadt natürlich noch weniger.

Freilich, wo Du nun als Dolm. hinkämest, wärest Du, wenn es nicht gerade Paris ist (und das wäre ja durchaus möglich), ja auch nicht in einer Weltstadt. Aber es wäre doch was anderes, wenn Du so ein Gerüst für die Tageseinteilung in Gestalt Deiner Arbeit hättest, damit zugleich das erforderliche Geld, auch wahrscheinlich einen gewissen Anschluß an Leute, die wie die Dolm. doch meistens etwas über dem Durchschnitt sind. Daß Du Zeit genug für Dich und Deinem inneren Menschen übrig hättest, siehst Du allein aus der Länge meiner Briefe.

Handschriftlich: Mein abschließender Rat: Die Probe machen, ohne die Brücken hinter Dir abzubrechen. Wohnung möglichst behalten, Atelier untervermieten, falls möglich.

Zuerst nach Büdingen –, über Kassel – Treysa, da kannst Du Dir den Betrieb hier mal ansehen!» [76]

Ab Juni 1941 hatte Hedwig dann in Berlin nach mehreren Anläufen eine Mieterin gefunden. Ein Fräulein Cornell, Schauspielerin, der sie für dreißig Mark ihren Atelierraum vermietete. Zugleich waren in der Büdinger Wohnung ihres Bruders und der Schwägerin zwei Zimmer frei geworden, denn die dort einquartierte Frau mit Kind war nach einem Monat wieder ausgezogen. Ihrer Abreise aus Berlin stand nichts mehr im Wege und das Experiment, in Büdingen zu leben, nahm seinen Anfang. Am 25. Juni 1941 reiste sie mit zwei Katzen im Gepäck ab. Vier Tage später beschwerte sich ihr Vater gegenüber seinem Sohn Albrecht: *«Hedwig kommt auch nur selten. Sie täte eigentlich besser daran, irgendwo praktisch zu arbeiten, als Köpp zu machen. Aber die lebt ja immer in ihrer eigenen Welt.»* [77]

Im Grunde war sie nur dem Ratschlag ihres Bruders gefolgt, nicht gleich den Eltern *«auf der Pelle zu sitzen»*. Der schrieb seinem Vater, dass er sie vorerst mal ihre Köppe machen lassen soll, denn zu einer anderen Tätigkeit sei sie in Büdingen doch nicht zu gebrauchen.

Bei dieser Grundstimmung aus dem Elternhaus empfand sie den Empfang als äußerst kühl und sie musste sich zwingen, überhaupt mal hinzugehen. *«Ich habe mich noch nie so fremd dort gefühlt.»* Dagegen begann sie sich nett und ateliermäßig in den beiden Räumen einzurichten und dachte daran, die Köpfe ihrer beiden Neffen Rolf und Arno zu modellieren. Sie hoffte weiterhin auf Geld aus Berlin, das sie von dem säumigen Dr. Günther für ein kleines Kinderköpfchen noch zu erhalten hatte, ihr Vater sei zu knausrig, an den wolle sie sich nicht wenden. So greifen Schwägerin Elisabeth und Bruder Albrecht ihr weiter unter die Arme.

Zwei Wochen später ist es dann mit der väterlichen Zurückhaltung vorbei. Sie solle bei der Feldarbeit helfen und wenn sie an das Modellieren eines kleinen Köpfchens von ihrem Neffen Arno denke, fragte Stiefmutter Else, ob sie einen Auftrag dafür hätte. *«Jedenfalls halt ich es für möglich, daß sie mich bei der Landhilfe angeben, wenn ich ihnen zur Last fallen sollte – meinem Gefühl nach ist das der Grund!»* [78]

Mitunter gelang es auch dem Bruder aus der Ferne nicht, sich in die eine und die andere Seite hineinzuversetzen. Als ob nichts gewesen wäre, riet er ihr tatsächlich, sich nicht hinter ihrem verhärteten Gemüt zu verschanzen und bloß nicht den Geburtstag ihres Vaters zu vergessen. Um Konflikte zu verhindern, versuchte er zu glätten, wo kein Verständnis erwartet werden konnte. Sie wolle sich gar nicht mehr mit ihnen auseinandersetzen, schreibt sie ihm, da sie nur in ihren Vorurteilen verhaftet seien. Sie könne nicht *«mit ihnen in das gleiche Horn blasen»*. Schwägerin Elisabeth versuchte zu schlichten, in diesem Fall zwischen Bruder und Schwester. Nach längerer Pause nahm Albrecht die Korrespondenz wieder auf.

Ausgerechnet in seinen Briefen an den Vater, der schließlich Parteigenosse war, teilte Albrecht seine Gedanken zum Weltgeschehen mit. Zwar wurde auch Hedwig mit Politischem bedacht, aber Antworten, in denen sie darauf einging, sind nicht vorhanden. Wenn sie überhaupt Fragen dazu stellte, dann wollte sie wissen, wann denn der Krieg endlich zu Ende sei, um in Erfahrung zu bringen, wann endlich Schluss ist mit den Todesnachrichten, den Verhaftungen und vor allem den alltäglichen Beschränkungen. An den Vater schreibt Albrecht am 7.9.1941 aus Ziegenhain:

«Lieber Vater!

Ganz gleichgültig, wie der Krieg ausgeht. Wirklich tragisch eigentlich, diese Folge zu bedenken da ja schließlich der Kampf nicht dazu da war, die Wallstreet auf den Thron dieser Welt zu erheben! Bei Anwendung wesentlich anderer Methoden hätte das Resultat ganz anders sein können. Eine dieser Methoden wäre auch die gewesen, die unterworfenen Staaten dahin zu bringen, daß sie wirklich ‹victoria für Deutschland› gerufen hätten. Aber ‹la botte prussienne› [der preußische Stiefel, P.B.] *ist das ungeeignetste Mittel hierfür und ich habe die traurige Gewißheit erlangt, daß alle Voraussetzungen fehlen, um je zu den Methoden zu gelangen, die manchen Völkern angeboren sind. Als etwa Napoleon gegen Rußland zog, da waren wohl mehr*

Freiwillige gerade aus Hessen mit dabei als nun aus ganz Frankreich, und auf einen deutschen Laval von damals wäre kein Attentat gemacht worden. Aber Du weißt ja als Geschichtler besser Bescheid über Rheinbund etc. Von meinem anderen Steckenpferd, dem Wirtschaftsaufbau, abgesehen … . Ich habe Sonntagsdienst als ‹D.v.D.› (Dolm. vom Dienst), muß vielleicht nachher noch der Sonntags-Nachm.-Vorstellung der Gefangenen beiwohnen, was immer recht unterhaltend ist.» [79]

Auffallend ist, wie allgemein und etwas kryptisch die politischen Gedanken an den Vater formuliert sind, während die Einschätzungen, die er der Schwester mitteilt, eher handfest, ehrlich und besorgt erscheinen.

«Ziegenhain, 11.9.41
Liebe Hedwig!
Ich würde mich an deiner Stelle darauf einrichten, bis Kriegsende zu bleiben. Denn selbst wenn es eben noch gehen mag in der Großstadt, so prophezeie ich doch elende Zeiten, und zwar spätestens dann, wenn unter dem Druck der Verhältnisse einmal die Lage so wird, daß das ‹sauve qui peut› [rette sich wer kann, P.B.] *noch die alleinige Richtschnur bildet. Ich fürchte, daß man mit diesem Zustand rechnen muß. Wenn man das abwarten wollte, dann wäre es wohl auch zu spät, denn dann wird man aus der Mausefalle nicht mehr herauskommen!*
Herzlichst dein Albrecht» [80]

Nach einem halben Jahr war der Aufenthalt in Büdingen für Hedwig beendet. *«Vorläufig komme ich nicht nach Büdingen. Es liegt mir noch im Magen»*, schrieb sie. Ihre Schwägerin Elisabeth war nach der Trennung von Ehemann Albrecht mittlerweile aus dem Haus in der Bahnhofstraße 19 ausgezogen. Bei Hedwigs Aufenthalten wolle sie für ihre beiden Neffen gern die Besuchstante sein und sie zu Wochenendfahrten zu ihrem Vater Albrecht nach Alsfeld begleiten. Zu Weihnachten kaufte sie ihnen Plastilin und fertigte Vorlagen mit Buntstiften an, damit *«sie wissen, was sie damit anfangen sollen»*. Sie habe andere Fähigkeiten, hob sie in manchen Briefen mehrmals hervor, die wenig Anerkennung fänden. Was man darunter zu verstehen hat, war nicht nur zwischen den Zeilen herauszulesen. Sie sah sich als eine den Menschen zugewandte Person, alles Materialistische war ihr fremd und stieß bei ihr auf wenig Verständnis. Sie unternahm Streifzüge durch Streuobstwiesen und den Wald und sie verstand es, die vielen Kräuterpflanzen als Heilmittel anzuwenden. Man konnte sie im wahrsten Sinne des Wortes als «Kräuterhexe» bezeichnen. Die Hallimasche hingen in langen Reihen in der Küche zum Trocknen, sie hamsterte wie die Tiere und sorgte für den Winter vor. Spitzwegerich, Brennnessel und Sauerampfer verarbeitete sie nicht nur als Salat und Gemüse. Aus dem Spitzwegerich kochte sie drei Stunden lang auf ihrem Gas einen Extrakt und kurierte allerlei Wehwehchen ihres Neffen Arno, ebenso befreite sie bei der Hausangestellten Toni die Wucherung einer Schnittwunde von wildem Fleisch. Nach den Behandlungen von Sohn Rolf erinnerte Schwägerin Elisabeth daran: *«Wir wollen nicht vergessen, was sie damals an Rolf getan hat und bedenken, daß er ohne ihre Hilfe gar nicht mehr am Leben wäre.»* [81]

Ein schöner Spaziergang im Regen draußen im Wald habe seinen ganz besonderen Reiz, schwärmte sie gegenüber ihrem Bruder und schrieb von den Glücksmomenten des Alleinseins, die ihr Ruhe gaben. Wie damals viele Menschen war sie dem Spirituellen zugewandt. Sie orientierte sich an den Gestirnen, einem Graphologen legte sie ihre Hände zur Deutung hin, nach astrologischen Bildern und den aus Karten gelegten Vorhersagen verfolgte und beobachtete sie ihren Tagesablauf. Einige dieser Zukunftsdeutungen waren von den Nationalsozialisten verboten, deshalb bat sie im Nachsatz ihres Briefes darum, mit niemandem darüber zu sprechen. Nicht nur bei Hedwig hatten die okkulten Dinge in diesen Jahren Konjunktur, vielleicht weil eine Sicht auf die Gestirne Ablenkungen von dem tristen Alltag bot?

Die Kümmernisse ihrer Freunde machte sie zu ihren eigenen und holte dazu Ratschläge bei ihrem Bruder ein. Könne er nicht als Rechtsanwalt die Verteidigung des Grapho übernehmen? Wer immer dieser Mann auch war, eines Tages wurde er zum Wehrdienst aufgefordert und entzog sich diesem Einsatz. In Untersuchungshaft genommen, hatte er nicht nur einen Prozess zu erwarten. *«Wird er vielleicht erschossen»*, wollte sie von ihrem Bruder wissen. Dann wieder berichtete sie von einem Freund, Fritz Schneider, der aufgrund von Mietschulden gerade bei ihr Unterschlupf fand. *«Ist da nicht etwas zu machen?»* Vor allem machte sich Hedwig Sorgen um ihren jüngsten Bruder Herbert, den Sohn aus der zweiten Ehe des Vaters, der nun im Alter von zwanzig Jahren zur Wehrmacht eingezogen wurde. Trotz aller *«kolossalen Gegensätze»* zu ihrer Stiefmutter Else, hatte sie ein gutes Verhältnis zu dem sehr viel jüngeren Stiefbruder. Als er im Jahr 1942 als Soldat an die Ostfront zog, machte sie sich große Sorgen. Von der Schlacht bei Stalingrad blieb der junge Mann zum Glück verschont.

So sehr sie sich der Sorgen ihrer Freunde annahm, so sehr benötigte sie selbst eine Beratung, wenn es um die Abwicklung ihrer Aufträge ging. Offizielle Aufträge, d.h. eine schriftliche Vereinbarung gab es bei vielen Künstlern nicht, eine mündliche Zusage wertete sie als Auftrag, über eine Preisvorstellung war sie nicht in der Lage zu reden. Nach Fertigstellung einer Büste oder Klein-Plastik erwartete sie zwar eine angemessene Bezahlung, aber sie forderte sie nicht ein. Entsprechend kompliziert entwickelte sich die Vergütung. Da sie ohne Preisvorstellung an den Auftrag heranging, endete die letztendliche Preisabsprache oftmals in einem Desaster. Auch für ihre heilpraktischen Anwendungen wollte sie keine Bezahlung. Sie habe noch nicht einmal Geld genommen für all die Extrakte und Tinkturen, die da Stunden auf ihrem Gas köchelten, schrieb

Schwägerin Elisabeth über ihre Selbstlosigkeit. In Berlin bat sie von nun an ihre Kollegin Elsa Pohl, ihr bei den Preisverhandlungen für ihre Klein-Plastiken behilflich zu sein. Wenn sie dann zu etwas Geld kam, legte sie nichts beiseite, sondern erwarb für sich zwei Kunstbücher oder das bunte Plastilin für ihre beiden Neffen.

Ihre Rückreise nach Berlin wurde von den Fragen ihres Bruders begleitet:

«Wann willst Du wieder nach Berlin? Kannst Du auch bestimmt gleich wieder in Dein Atelier? Ich kann an sich begreifen, daß Du ‹bien embetée› [recht gelangweilt, P.B.] *bist von Deinem Büdinger Aufenthalt. Wenn man ja gewußt hätte, daß die Fliegerangriffe ausbleiben und auch sonst die Lage sich noch hielt – ja dann wärest Du vielleicht besser erst jetzt gekommen! Vielleicht kommst Du nun gerade zu rechter Zeit, um das mitzumachen, was Du so vermeiden wolltest. Aber wer kann so was wissen! Herzlichst Dein Albrecht»* [82]

Offensichtlich nahm Hedwig auch in Berlin das Studium der französischen Sprache wieder auf. Ganz aufgegeben hatte sie den Gedanken an die Dolmetscherei nicht. Im Mai 1942 erhielt sie nach mehrmaligen Erkundigungen ihrerseits endlich einen Prüfungstermin in Frankfurt. Eine große Enttäuschung war es nicht, als sie von der Kommission erfuhr, dass sie die Prüfung nicht bestanden hatte. Sie gewann dem Ganzen sogar etwas Positives ab, denn die Vorbereitungszeit bewahrte sie vor einer Dienstverpflichtung. Dieses Damoklesschwert hing aber weiter über ihr und beschäftigte sie sehr. In Berlin knüpfte sie an ihre Kontakte zu den bildenden Künstlern an: *«Ja, nun steh ich wieder Modell, wo ich viel Ehre einheimse, alle jubeln sie, daß ich wieder da bin. Herrlich!*

Ich habe Gips besorgt und Brennton, hab schon angefangen, meine Stuckformen auszudrucken und mache, wenn es irgend geht allerhand keramische Sachen, die sich verkaufen lassen. Ich werde mit viel Liebe dran arbeiten, viel mehr als früher. Die Elsa Pohl will ja, mit ihren Sachen zusammen, meine nach Posen schicken, wo ein Kunstgewerbegeschäft sehr nach Derartigem verlangt. Ich kann mich bloß nicht entschließen, die Sachen unter ihrem Namen zu verkaufen. – Ich glaube kaum, daß der Umstand, daß ich noch nicht wieder in der Kammer [Reichskulturkammer, P.B.] *bin, dort überhaupt bemerkt wird. Auch versuche ich es, hier in guten Kunstgewerbegeschäften was anzubringen. Schreib bald wieder mal und sei herzlich gegrüßt von deiner Hedwig»* [83]

Die Abstände zwischen den Briefen wurden nun länger. Sie berichten von einer Art künstlerischem Neuanfang in Berlin. Der Kriegszeit angepasst, orientierte sie sich nun bei ihren Arbeiten am Bedarf nach kleineren, kunstgewerblichen Geschenkartikeln.

«Ich habe ja leider so furchtbar wenig Zeit. Die Steherei hat aber jetzt doch einen Sinn bekommen, indem sie mich auch (hoffentlich) vor der Dienstverpflichtung bewahrt. In der übrigen Zeit drucke ich fleißig meine Stuckformen und hoffe damit bis Weihnachten etwas zu verdienen. Nur befreit mich das nicht von der Steherei, die ich notwendig eben, als Schutz gegen staatlichen Zugriff brauche. Ich habe ans Arbeitsamt zwei anständige Bescheinigungen von Schülern geschickt, wo man mir (mit Stempel) bestätigt hat, daß ich dringend gebraucht werde und nicht zu ersetzen bin.» [84]

Ihr Bruder gab ihr recht, dass jetzt – in der Zeit vor Weihnachten – doch einiges zu verkaufen wäre. Er wollte ihr gerne dabei behilflich sein und seine Kontakte von Alsfeld bis Büdingen spielen lassen. Er selbst wünschte sich einen Aschenbecher von ihr! Auch Albrecht nahm ihre Zufriedenheit wahr, wenn sie darüber schrieb, dass sie aufgrund ihrer jahrelangen Präsenz an einer Zeichenschule «belohnt» wurde. Nach ihrem so häufig erwähnten und anstrengenden Modell-Stehen durfte sie unentgeltlich an Abendkursen teilnehmen, um selbst Akt-Zeichnungen anzufertigen.

«Lieber Albrecht,
heut morgen hab' ich Dir eine Karte geschrieben, weil ich dachte, ich hätte kein Papier. Nun hab' ich aber so dummes Zeichenpapier gefunden, daß ich Dir doch schreiben kann und zwar denke ich ganz besonders an Dich, weil ich grad von der Arbeit komm und auch an deine Geschichte dabei denke. …

Jetzt fällt es mir schwer das zu Papier zu bringen, was ich eben im Selbstgespräch ganz klar ausgedrückt habe. Bei mir ist es jedenfalls das Suchen nach einer Lebensnotwendigkeit. Es ist die einzige Möglichkeit, Charakter zu bilden. Alles was wertvoll ist und Wahrhaftigkeit vor allem, die Liebe zum Wesentlichen und die (Vernichtung) der eigenen Eitelkeiten und damit Religion und das ganze um dem Werk zu dienen, auch dann noch «Werk» zu nennen, wenn es fragmentarisch bleibt und nur den Sinn hat, dem Wesen der Dinge so intensiv nahe zu kommen, und die Mittel so zu beschränken, wie von der Kunst verlangt wird.» [85]

Leider ist der nun folgende Austausch zwischen den Geschwistern unvollständig. Der Brief Hedwigs, auf den ihr Bruder in seiner Antwort vom 3. Dezember 1942 eingeht, könnte sich mit der Frage beschäftigt haben, die sich aus den ersten Begegnungen mit ihrem Bekannten Franz Streit stellte. Wie weit lässt man Ängste zu, was heißt mutig zu sein und wo finden sich die Grenzen in der eigenen Persönlichkeit? Aus der Antwort, die ihr Bruder Albrecht zukommen lässt, kann man Rückschlüsse auf die vorausgegangenen von Hedwig skizzierten Gedanken ziehen.

«Liebe Hedwig!

Deinen Brief philosophischen Inhalts habe ich ebenfalls erhalten. Du hast sicherlich vielfach recht, indem Du die Angst für so viel verantwortlich machst, die Angst vor sich selbst. Trotzdem darf man nun die Konsequenz nicht so scharf ziehen, wie es etwa Nietzsche getan hat, der demgegenüber den ‹Willen zur Macht› so übertrieben preist. Wohin das führt, sieht man ja allmählich! Nein, überall liegt das Richtige zwischen den beiden Polen. Und diese Auffassung ist nicht spießbürgerlich, sondern gerade das Ausschlagen nach den Extremen, das ist spießig, wie ich finde. Typisch ist der wildgewordene Spießer, von dem wir ja nun ziemliche Lieder singen können. Er gleicht dem Manne, der nur ein Buch gelesen hat, und der nun dafür schwärmt, weil er nichts anderes kennt. Es fehlt ihm der Überblick.

Ich glaube daher, ebenso gut, wie Du die Angst verurteilst, könnte man – nur nicht etwa die Angst verherrlichen, aber doch wenigstens müßte man der Überschätzung des Mutes entgegentreten. Nicht gerade beim Militär, wohl verstanden! Aber weltanschaulich. Das kleine bißchen Mensch, hätte schon allen Grund zur Bescheidenheit, und wenn es in der Bibel heißt ‹die Kinder Israel aber fürchteten sich sehr›, so kann ich nicht finden, daß dies so unwürdig sei. Es gibt gewisse Situationen, in denen nur ein dummer Mensch sich nicht fürchtet. Woher nimmt der Mensch seinen Mut? Wo er doch gar nicht weiß, wer er ist, woher er kommt und wohin er geht?? Oft ist Tapferkeit gleich Dummheit. Schopenhauer hat das in seinen ‹Aphorismen› trefflich dargelegt.

…

Eine etwas blassere Parallelerscheinung ist der Mensch, dessen absonderliche Handschrift ich Dir einmal für den Grapho beschaffte. Ähnlich lebensfremd, ähnlich intellektuell und dabei doch immens materiell. Laß mich eine Kostprobe des perversen Denkens dieses letzteren Volksgenossen geben, die ich mir gestern stichprobenweise aufnotiert habe. Ich könnte solche täglich wiederholen:

‹Unser Trick als Verfechter europäischer Nationalstaaten zu erscheinen, ist durch unser Unternehmen mit Prag als ein schamloses Tauschungsmanöver enthüllt worden. Wer Prag sagte, mußte auch Warschau sagen, er mußte auch Holland, Dänemark und Norwegen sagen. Und so müßten wir abgleiten zu einer naiven Eroberungspolitik à la Napoleon. Ein autoritärer Massenstaat caesarischer Prägung. Und so haben wir die Wahl, Brigade der bolschewistischen Weltrevolution zu werden oder Sklaven des amerikanischen Geldsacks. Heute erscheint uns das Sicherheitsbedürfnis des angelsächsischen Weltreichs in anderem Lichte; und wie lächerlich die, die den erstmalig dreimal in freier Wahl und bei aller Pressefreiheit wiedergewählten Präsidenten der Vereinigten Staaten, wiedergewählten Präsidenten der U.S.A, als unbeachtlichen Handballstrategen abtun wollen.›

Was wollen wir? Als Volk ohne Raum leere Räume besiedeln? Womit denn? Mit diesen dumpfen Landesschützen?? So ähnlich redet dieser Mann daher, ohne Unterlaß neue Prägungen findend für alte Gedanken. Ich gebe Dir ziemlich zusammenhangslos eine kleine Auslese dieses perversen Gehirns wieder, wie Du sie stündlich wiederholen könntest. (…)

Ich will langsam schließen. Dir geht es, wie ich sehe, leidlich gut. Trotzdem glaube ich, daß Du noch einmal froh sein wirst, daß in B. eine wenn auch kleine Wohnung zu Deiner Verfügung steht. – Ich hoffe, im Januar oder Fe-

bruar einmal auf kurze Stunden in Berlin sein zu können. Sonst hoffentlich im März. Hast Du mal mit Frau Roeder, der Bekannten von Krümelchen, gesprochen? Gegebenenfalls grüße sie schön von mir.

Für heute einen herzlichen Gruß von Deinem Albrecht» [86]

«Lieber Albrecht

Gestern hatte ich Dir eine Karte geschickt und für die schöne Tabaksendung gedankt. Wie gesagt, habe ich mich sehr darüber gefreut. Du weißt ja, wie ich darunter leide, wenn ich keinen habe. Zu Weihnachten bekommen wir ja Schnaps. Ich werde ihn aufheben, wenn Du auf Urlaub kommst, trinken wir ihn zusammen. Für Deinen lieben Brief sei vielmals herzlich gedankt. Hoffentlich kannst Du es wahr machen und im Januar oder Februar auf Urlaub kommen.

Lieber Albrecht, ich weiß die kl. Wohnung in Büdingen wohl zu schätzen und Du weißt ja, daß ich es ohne sie auf keinen Fall so lang dort ausgehalten hätte. Trotzdem, ich brauch die Großstadt zu meiner Entwicklung, sowohl als auch finanziell.

Jetzt hatte ich wieder eine Totenmaske angenommen. Wenn auch der Fall sehr tragisch ist, kann ich 100 M dabei verdienen. Ich soll nämlich eine Stuckform und mehrere Abgüsse machen, auf den Preis soll es nicht ankommen. 200 Mark habe ich bestimmt dabei verdient – aber es ist mir erheblich auf die Nerven gegangen diesmal. Stell Dir vor, ein junger Mensch von 22 Jahren kommt aus Rußland auf Studienurlaub, aus allem heraus, verlobt sich, 3 Tage darauf schießt er sich aus Versehen eine Kugel durch den Kopf und die Pistole muß losgegangen sein als er damit herumhantierte. Selbstmord ist ausgeschlossen. Ich war ganz erschüttert als ich ihn da liegen sah, im Lazarett, wo ich den Abguß machte, das tiefe Loch mitten in der Stirn und so ein trauriges Kindergesicht - das ist nun die vierte Todesnachricht, die hierherkam.

Nun noch einiges zu deinem Brief, das mit dem ‹nicht Angst haben› hatte ich nicht so gemeint, wie Du wohl weißt. Ich meinte mehr, daß man sich zu sich selbst bekennen, sich frei geben soll, ohne Angst davor, ob ‹man› es so macht – ob ‹man› es gut heißt und ohne an den Grund und das Ziel dabei zu denken – nur wer ganz unfehlbar ist, bleibt Sieger – das siehst Du ja an den

Beispielen, die Du selbst angegeben hast !!! Sogar die Dummheit siegt, wenn sie nur hartnäckig dabei bleibt – allerdings nur über Dumme, das stimmt! Aber über alles das, auch über den ‹Mut› haben wir schon oft gesprochen und ich bin ganz deiner Meinung. Sei aber etwas vorsichtiger in Briefen, man kann nicht wissen, was mal dabei passieren kann! …

Und kannst Du mir erstmal für das nächste Jahr einen Notizkalender verschaffen. Ich brauch ihn so nötig. Ich habe übrigens auch ein Aufträgelchen. Ich soll eine Katze modellieren, die auf einer Uhr an der Wand, wovon man den Aufsatz abgesägt hat, sitzen soll. Es sind Bekannte von Behrings, den Verwandten von der Luise. Über den Preis haben wir nicht gesprochen. In den Ferien will ich es mal in Angriff nehmen. So hab ich allerhand zu tun. Auch geh ich abends, wenns irgend möglich zu machen ist, zum Aktzeichnen, wo ich umsonst zeichnen kann. Die Leute sind überall so nett zu mir.» [87]

Am 9. Dezember 1942 starb Bruder Karl mit 45 Jahren in Lüdenscheid. Kurz nach dem Abitur nahm er als Soldat am I. Weltkrieg teil. Die Auszeichnung mit dem Eisernen Kreuz II. Klasse für seinen Einsatz war hoch bezahlt. Ein Granatsplitter führte zu einer Kopfverletzung, die ihn jahrelang quälte. Die heftigen Schmerzen konnten nur durch Schmerzmittel und später durch morphinhaltige Betäubungsmittel bekämpft werden. Vermutlich war dies auch ein Grund, warum er sich nach seinem Medizinstudium der Homöopathie zuwandte. Aber weder Operationen noch alternative Heilmethoden konnten die dauernde Trigeminusneuralgie bekämpfen. [88]

1938 hatte er in Lüdenscheid als Allgemeinmediziner und Homöopath eine Praxis eröffnet. Hedwig bezeichnete ihn einmal als ein Opfer des Krieges, denn seine Abhängigkeit vom Morphium bekam er nicht mehr in den Griff. Mehrmals unternahm er Kuren, um sich von der Sucht zu befreien, allerdings beobachteten Eltern und Geschwister, dass es mehr Rückschläge als Hoffnung auf Besserung gab. Von den gesundheitlichen Rückschlägen ihres Bruders Karl hörte Hedwig zum ersten Mal im Frühjahr 1941. Sie litt mit ihm und fragte sich, ob eine Kurbehandlung noch helfen könne. Der Vater äußerte sich über seine Abhängigkeit eher sarkastisch:

«Karl ist auch da. Elfriede sagt, er wäre wie umgewandelt. Sie waren neulich beide bei uns. Er habe jetzt eine ‹Bombenpraxis›, sei frei von M [Morphium, P.B.], *kurzum, sie war ganz zufrieden. Und in der Tat machte er einen guten Eindruck. Nur geht es mir immer so mit ihm, wie es dem Führer wohl mit dem Stalin gegangen sein mag: man weiß nicht, ob man nicht doch der Beschissene ist, wenn man ihm traut.»* [89]

Dr. med. Karl Wittekind wurde im Familiengrab in Büdingen beerdigt. Kurz nach der Trauerfeier, noch vor Weihnachten, fuhr Hedwig Wittekind zurück nach Berlin und schrieb: *«Wo geht eigentlich die Zeit vorwärts, wo bleibt der viel geschriebene Fortschritt der Menschheit? Der Karl ist nun all diesem enthoben – der liebe Gott wird ihm seine Schuldenlast nicht so hoch aufschlagen wie die Menschen u. ihm verzeihen. Er hat doch so vielen geholfen.»* [90]

Die Neujahrsgrüße 1943 ihres Bruder Albrecht fielen kurz aus. Sie kamen verspätet zu Hedwig mit den Wünschen, dass das neue Jahr hoffentlich nicht schlechter werde als das alte. Ein Füllhorn an Süßigkeiten werde wohl nicht über ihnen ausgeschüttet. Erstaunlicherweise gab er in diesem doch eigentlich persönlichen Schriftwechsel auch Einblicke in seinen Arbeitsalltag, äußerte sich zum Lagerleben, zur Kriegsentwicklung und seiner eigenen Einschätzung zur Lage des damaligen Weltgeschehens. Alles wurde von ihm recht offen formuliert, denn eine Postzensur war nicht zu befürchten. Sie gehörte zu seinen Aufgaben im Lager für Kriegsgefangene:

«Ich nutze diese Stalagzeit aus, liebe Hedwig, wie man bei einem Platzregen sich etwa des Aufenthalts in einer Scheuer freut und Dinge entdeckt, die einem sonst vielleicht entgangen wären. Nie im Zivilleben hätte ich ja so viel Zeit gehabt, mich mit tausenderlei interessanten Dingen zu beschäftigen, nicht einmal eine so verhältnismäßig geistreiche Gesellschaft wäre mir beschieden gewesen, wie sie sich hier zusammengefunden hat: der kleine, schwärzliche, kurzsichtige Frankfurter Rechtsanwalt mit dem ewig revolutionär wirren Haar und den scharf ausgeprägten Falten um den Mund, von

dem der Flesch sagte, er sehe aus wie ein Verfasser revolutionärer Schriften, der durch ein groteskes Geschick in eine deutsche Uniform geraten sei; und dieser Flesch selbst: Historiker von ungeheuren Kenntnissen und mit einer klassischen und für Leitartikel und Feuilletons gleich geeigneten kräftigen und doch dekadenten Ausdrucksweise, der ausgeprägten hohen Denkerstirn und seinen sonst unästhetischen Lebensgewohnheiten; und dann mein besonderer Freund Drüchpott, von Beruf Kunsthändler (!), Bibliophile und Sammler, Philosoph und Ästhet, glühender Verehrer von Südamerika, wo er lange Jahre war. Ob er übrigens Plastiken kauft, weiß ich noch gar nicht, ich glaube nicht, will ihn aber einmal fragen. Ja, das sind so also meine besonderen Lieblinge, jeder in seiner Art. Dann kommt die zweite Garnitur, worunter aber auch recht beachtliche Typen sind.» [91]

Der nächste Brief von Hedwig enthält brisante Themen. Im Spätherbst 1942 – wie eingangs geschildert – hatte sich Franz Streit bei ihr gemeldet, der sehr schnell auf Dinge zu sprechen kam, die auf kein Briefpapier gehörten. Er hatte sich der Saefkow-Jacob-Bästlein-Widerstandsorganisation angeschlossen und um die Familie Müller zu retten, war der überzeugte Junggeselle sogar bereit zu heiraten. Es ist denkbar, dass Hedwig ihren Bruder diesbezüglich um Rat fragte, in einem Brief, der leider nicht auffindbar ist. Albrecht antwortet ihr darauf am 15. Januar 1943:

«Liebe Hedwig!

Ich will etwas auf die verschiedenen Punkte Deines Briefes eingehen. Zu dem Punkt ‹Ehe› ist augenblicklich nicht viel zu sagen: Da muss erst einmal der Krieg ausgehen. Und da ist die Lage so: wenn wir ihn gewinnen wollen, dauert er noch Jahre. Dann eilt es also nicht so sehr und es ist unnütz, sich jetzt schon darüber den Kopf zu zerbrechen. Sollten wir ihn eher schon verlieren, dann wird es wahrscheinlich überhaupt zwecklos sein, noch an eine Eheschliessung zu denken, denn dann würde es nur heissen ‹rette sich wer kann› und ich, als ‹alter Kämpfer› u.s.w. könnte überhaupt nur das eine ins Auge fassen: irgendwohin ins Ausland zu verschwinden, unter der blau-weiss-roten Flagge, d.h. als ‹poilu› [Spitzname für einen frz. Soldaten, P.B.] *verkleidet! Ich meine das im Ernst. Denn die würden ernst machen mit den verschiedenen Drohungen, und wie einer von uns neulich meinte, brauchen sie wegen der Methoden gar nicht so lang zu überlegen, sondern einfach das tun, was wir im Osten und auch anderwärts getan haben. Sie haben da viel gelernt! Und das würde praktisch so aussehen, dass Millionen Männer, wenn nicht einfach an die Wand gestellt so doch deportiert würden, um London, Coventry, Stalingrad u.s.w. und zehntausend verschiedene Synagogen wieder aufzubauen. Dem wäre nur durch Flucht zu entgehen, und ich hoffe immerhin, zu den nicht mehr Zahlreichen zu gehören, die es unternehmen können, sich nach Besorgung eines falschen Passes als Ausländer auszugeben. Wer weiß wofür das Stalag gut war!*

--- Nun ist das alles ja Gott sei Dank noch Theorie und unsere Front wird schon stehen. Es ist jedoch von jeher meine Art gewesen auch entlegene Eventualitäten zu ‹envisagieren›, und ich habe auch schon öfters dadurch Vorteile gehabt. Ich habe daher in meinem Bekanntenkreis die Parole ausgegeben, in einem solchen gedachten ungünstigen Fall, wo man also nicht wüsste, wo ich stecke, sollen Sie mir ‹poste restante› nach Paris schreiben, und wenn dort nicht zu erreichen, nach Algier oder Casablanca! Es muss dazu nur noch ein Deckname vereinbart werden, denn der urdeutsche A.W. wäre zu verräterisch!

Kehren wir auf den Boden der Tatsachen zurück. Die Frage der Vermietung Deiner kleinen Küche in Büdingen überlege Du Dir, auch so ganz wie Du willst. Ich fände es sehr verständlich und würde es sogar vielleicht billigen, wenn Du sagtest, Du wolltest lieber auf die RM 7.50 [Reichsmark, P.B.] *monatlich verzichten und dafür jedenfalls die Gewißheit haben, jederzeit darüber verfügen zu können. …*

Die Prophezeiungen haben mich recht sehr interessiert. Möge es sich zum Besten wenden! Auch ich werde gern mal zu der Frau gehen; hoffentlich ist es nicht die, bei der ich schon mal mit Krümelchen war, denn die war nicht bedeutend!

Ich bin heute für Urlaub vom 3.-20. März eingetragen worden. Das ist damit noch nicht definitiv, aber einigermassen wahrscheinlich. Ich werde dann wohl zuerst nach Berlin kommen und den Schluss mehr der engeren Heimat widmen.

Hier ist es nach wie vor recht interessant. Gestern hatte ich eine Übersetzung ins Serbische zu veranlassen. Ich begab mich zu diesem Zweck in das Serbenlager – nu, wer war der einzige, der imstande war, so etwas einwandfrei zu machen? Der Herr Weinmann, ein Jude von der kalten, sachlichen östlichen Art, mit kleinem Schnurrbart und sehr verbindlichem Wesen. Er kann gut 5 Sprachen, spricht auch ausgezeichnet deutsch. – Die Franzosen haben ziemlich Oberwasser. ‹Il parait que vous faites dérouiller par les Russes›, sagte heute einer, was soviel heisst als ‹eine Abfuhr beziehen›.

Genug für heute, auf baldiges Wiedersehen! Und einen herzlichen Gruß von Deinem Albrecht»

Am Ende all der düsteren Aussichten und am Ende der Korrespondenz zwischen Bruder und Schwester fragte sie sich und ihn: *«Was soll bloß dann aus unseren Eltern werden? Kann man da nicht etwas tun, daß sie noch vorher ihrer Gesinnung abtrünnig werden? Aber sie haben kein Einsehen.»* [92]

Keines der drei Kinder trat in die Fußstapfen des Vaters und ließ sich von seiner Begeisterung für den Nationalsozialismus anstecken. Bei Hedwig ging die politische Distanz bis zum Zerwürfnis, Albrecht verhielt sich zwar diplomatischer, aber alle seine Briefe sprechen von einer eindeutigen Abgrenzung. Da er selbst die letzte Instanz der zu kontrollierenden Post im Kriegsgefangenenlager war, äußerte er sich recht offen, sodass mitunter ihn sogar die Schwester ermahnte, weniger deutlich über seine kritische Haltung zu schreiben. Hedwig und Albrecht vertrauten einander so rückhaltlos, dass sie sich offen über die Vorkehrungen zum Schutz der Kleinfamilie Müller-Hess austauschten.

Nach 1945

Wahrheiten und Erkenntnisse aus dem Familienkreis

Hedwig Wittekind hatte schon in den zwanziger Jahren ihren Lebensmittelpunkt in Berlin gefunden. Nach Büdingen in den Kreis der Familie kam sie als Urlauberin oder zu einem Feiertag. Politische Gespräche standen da nicht auf der Tagesordnung, eher wurden ihr Künstlerleben und ihre Arbeiten misstrauisch beäugt. Wie sich die nationalsozialistische Herrschaft nach 1933 in Büdingen im Kreis der Familie auswirkte, erfuhr sie erst viel später, und sie reagierte mit Entsetzen darauf.

Von 1899 bis Ende 1932 war ihr Vater, Dr. Heinrich Wittekind, als beamteter Oberlehrer für alte Sprachen und Geschichte am Büdinger humanistischen Wolfgang Ernst-Gymnasium tätig. Der Sohn eines Schreinermeisters war der humanistischen Bildung in ihrer *«gutbürgerlichen Struktur deutscher Kulturart»* verbunden, so deutet ein Familienmitglied das familiäre Umfeld.[93]

Wie in vielen gutbürgerlichen Familien im letzten Drittel des 19. Jahrhunderts hatten die Eltern Wittekind bei ihren drei Kindern für anspruchsvolle Bildungsangebote gesorgt: Besuch des Gymnasiums für alle Wittekinder, das Geigenspiel des Sohnes Karl, die Beherrschung der französischen Sprache und Literatur. Tochter Hedwig durfte ein französischsprachiges Internat und Sohn Albrecht die juristische Fakultät der Universität Genf in der Schweiz besuchen. Die Söhne Karl und Albrecht wurden nach ihren Studienabschlüssen Mediziner bzw. Jurist. Tochter Hedwig war die Erstgeborene, und als Mädchen durfte sie sich der Kunst zuwenden. Zunächst schützte ihr jugendliches Alter sie davor, dem klassischen Weg einer Ehefrau und Mutter und damit den bürgerlichen Werten der damaligen Kaiserzeit um die Jahrhundertwende zu folgen. Als sie in den zwanziger Jahren an ihrem Berufswunsch der Künstlerin festhielt, wurde aus der anfänglich wohlwollenden Zustimmung des Vaters eine distanzierte Haltung. Sie spiegelte sich in einem seiner Briefe wider, als er von der «Hedwig und ihren Köpp» mehr abschätzig als anerkennend schrieb. Mit den «Köpp» sind ihre Kopfskulpturen gemeint.

Vater Wittekind sitzt Modell für Tochter Hedwig
im Februar 1929

Heinrich Wittekinds langjähriger Lehrerkollege und Oberstudiendirektor Georg Dingeldein beurteilte ihn als einen Mann mit Charakter. Er konnte sich nicht vorstellen, dass Wittekind die Schüler Anfang der dreißiger Jahre nationalsozialistisch beeinflussen würde. Dingeldein wurde allerdings schon 1924 in den Ruhestand versetzt und beurteilt Wittekind also aus einer Zeit weit vor dem Machtantritt der Nationalsozialisten. Er führte an, dass Wittekind sogar als Vertrauenslehrer gewählt wurde, und das sei doch ein eindeutiger Beweis für seine Beliebtheit, da sich alle Schulklassen dafür einstimmig entschieden hätten. Zwei Schüler hoben Wittekinds gerecht urteilende Haltung hervor und mehrere Erklärungen sprachen von seiner humanen Gesinnung. Auch ein späterer Belastungszeuge berichtete über ihn als einen Demokraten und der Nachbar Johannes Luff, der von 1914-1918 in seiner Nähe wohnte, kannte *«ihn als bescheidenen, fleissigen und für das Wohl der Familie besorgten Menschen»*. Umso erstaunter verfolgte er, wie Wittekind sich für die NSDAP engagierte, deren Mitglied er seit 1931 war. [94]

So weit die wohlwollenden Aussagen zur Entlastung Wittekinds bei seiner Entnazifizierung nach 1945. Zeugnisse und eidesstattliche Erklärungen über den Zeitraum der nationalsozialistischen Machtübernahme 1933 zeichnen ein anderes Bild seiner politischen Gesinnung, das sich in mehreren veröffentlichten Beiträgen findet. Dazu gehörte bereits kurz nach der Ernennung Hitlers zum Reichskanzler ein Lob auf den Führer. Eine in Versform, in *«lyrischem Ausdruck»,* verfasste Huldigung vom Februar, auf die der Chronist der Büdinger Stadtgeschichte, Dr. Volkmar Stein, in seinem Buch «Versuch zur Geschichte der Stadt» hinwies. Vor allem in den März-Tagen 1933 mit seinen schulischen Abschlussfeiern und -reden stand Wittekind nicht beobachtend am Rande, sondern nahm aktiv im Sinne der nationalsozialistischen Idee daran teil.[95]

Nach seiner Versetzung in den Ruhestand Ende 1932 wollte Dr. Wittekind die nationalsozialistische Bewegung als ein *«geistiger Urheber»* unterstützen. Er blieb, was die Zustimmung zum Nationalsozialismus anbelangte, nicht allein. Bei den letzten Reichstagswahlen in der Weimarer Republik am 5. März 1933 wählten 61,6 Prozent der Büdinger die NSDAP, weit über dem Durchschnitt im Reich und in Hessen. Aber vor allem zog er über die jüdischen Bürger her, wehrte sich gegen ihren Einfluss und propagierte seine Haltung als *«Akt der Notwehr»*. Mit Sarkasmus widmete er sich jüdischen Akademikern unter dem Titel *«Die Herren Doctores h.c.»*. Zwei Verszeilen daraus:

«Der Wissenschaft Qualitäten,
Die der Redliche mühsam erreicht,
Die verjudeten Fakultäten,
Die machen es ihnen leicht.
Die nickten devot mit dem Kopfe,
Und haben ungeniert,
Vor jedem Bonzentropfe,
Die Muse prostituiert. –»[96]

Selbst wenn keine weiteren Huldigungen zur nationalsozialistischen Ideologie vom Chronisten Volkmar Stein in seiner Büdinger Stadtgeschichte aus den ersten Monaten der Machtübernahme aufgezeichnet wurden, fanden sich weitere Artikel im «Büdinger Allgemeinen Anzeiger», in denen Dr. Heinrich Wittekind die Ausgrenzung der jüdischen Bürger aus dem öffentlichen Leben vorantrieb. Am Vorabend des Boykott-Tages am 1. April 1933 – mit dem Aufruf, keine Einkäufe in jüdischen Geschäften zu tätigen – marschierten die Büdinger Nationalsozialisten durch die Innenstadtstraßen zu einer abschließenden Kundgebung auf dem alten Marktplatz. In seiner Ansprache auf dem Platz forderte Wittekind, endlich mit der *«Gastlichkeit»* für die jüdischen Bürger Schluss zu machen. Sie hätten diese lange genug *«in scheußlicher Weise»* missbraucht. Daher sei ein Boykott ihrer Geschäfte berechtigt, denn *«am Geldbeutel»* treffe man die Juden am *«empfindlichsten»*. [97]

Ein halbes Jahr später ging Dr. Wittekind der Frage nach *«Was ist ‹arisch›?»*, vom «Büdinger Allgemeinen Anzeiger» am 10. August 1933 ebenfalls abgedruckt. Wittekind gab dem Zeitungsleser Hilfestellung zum Verständnis des Begriffs «Ariertum». Endlich habe der Nationalsozialismus *«mit dem Satz, daß Mensch gleich Mensch»* sei gebrochen und *«der naturgegebenen Auffassung von der unverwischbaren Verschiedenheit der Menschenrassen wieder zum Durchbruch verholfen»*. Allein die Rasse entscheide über die Staatsbürgerschaft, und die gelte nur für diejenigen, *«die sei es durch das Schwert oder sei es durch den Pflug, (sich) das Land erobert»* haben. *«Das sind aber wir Germanen ganz allein, und uns steht daher auch allein das Recht zu, zu bestimmen, wen wir hinfort als Staatsbürger anerkennen wollen und wen nicht.»* Dann folgt eine Erklärung, warum dies nicht für jeden gelte. Die Juden hätten sich seit Jahrhunderten in die weitverzweigte Verwandtschaft *«hineingedrängt»*, sie seien ein *«Fremdkörper und Schmarotzer»*. Endlich müsse ein Trennungsstrich gezogen werden und der Gegensatz von *«arisch»* zu dem *«ewig fremde(n) Judentum»* erkannt werden. [98]

In einem weiteren Beitrag berichtete er in den «Heimatblättern für den Kreis Büdingen» über «Die Deutsch-Christliche Volksgemeinschaft zu Büdingen 1919-1923». Bereits damals sei das schädigende Geschäftliche der hiesigen Judengemeinde zu Tage getreten, indem sie Druck auf Mitglieder der Volksgemeinschaft ausübten und ihr wirksamstes jüdisches Kampfmittel einsetzten, das Kapital. [99]

Wittekinds antisemitische Anschauungen reichen bis in die Kaiserzeit zurück und in die Zeit des Ersten Weltkriegs, als den jüdischen Männern unterstellt wurde, dass sie sich nicht in ausreichendem Maße an der Vaterlandsverteidigung, besonders an der Front, beteiligt hätten. Im Frühjahr 1916 schickte Vater Wittekind an Tochter Hedwig eine Postkarte nach Weimar, ihrem Studienort, die auf der Bildseite eine Photographie mit drei jungen Männern zeigt. In der kurzen Mitteilung auf der Rückseite merkte er an: *«Das Bild hier ist doch nett. Soldat rechts, Soldat links, das Jiddche in der Mitte. Hebe übrigens das Bild auf!»*

Im Kriegsjahr 1916 wurden die Behauptungen der «Reichsdeutschen», dass jüdische Männer sich vor dem Kriegseinsatz drücken würden, von Kaiser Wilhelm II. geteilt. Zum Stichtag 1. November 1916 ordnete er eine Zählung an. Diese Erhebung wurde bis zum Kriegsende 1918 nie veröffentlicht, lieferte 1922 nach einer erneuten Auswertung jedoch den Beweis, dass sich Juden wie Nichtjuden zahlenmäßig entsprechend ihres Anteils an der Bevölkerung zum Heeresdienst gemeldet hatten.

Zu seiner Verteidigung sagte Dr. Wittekind vor den Klägern in seinem Spruchkammer-Verfahren nach 1945 aus, dass er der Gregor-Strasser-Linie gefolgt sei. Deren Kampfansage gegen das Regime Brüning-Curtius-Groener endete mit dem Schlusssatz: *«Wir wollen keine Judenverfolgung; aber wir fordern die Ausschaltung des Juden aus dem deutschen Leben.»* Durch seine publizistischen Beiträge waren seine Aussagen, sich bald wieder vom Nationalsozialismus abgewendet zu haben, wenig glaubwürdig, die weiteren Ermittlungen ergaben ein anderes Bild. Es wurde ihm in diesem Verfahren vorgeworfen, ältester und rührigster Kämpfer der NSDAP in Büdingen gewesen zu sein. Er war als Vertreter der NSDAP der Erstunterzeichner eines Beschlusses der Stadtverwaltung, Hitler das Ehrenbürgerrecht zu verleihen.

Schwerwiegender war der Vorwurf, er habe Gegner der Partei denunziert, weil sie nicht von ihrer demokratischen Haltung Abstand nahmen. Dies bezeugten Landwirtschaftsdirektor Wilhelm Grimm und Oberstudiendirektor Dr. Otto Keller, der bis 1931 Landtagsabgeordneter der Deutschen Volkspartei (DVP) gewesen war. Für Dr. Keller, seit 1924

Oberstudiendirektor am Wolfgang Ernst-Gymnasium, führte letztendlich seine Parteizugehörigkeit zur DVP zur Entlassung, er wurde zum Studienrat degradiert und 1935 nach Darmstadt strafversetzt. Unter Eid sagte Wilhelm Grimm aus, dass Dr. Wittekind hinter den Denunziationen stecke, die auch zu seiner Entlassung geführt hätten.

Die Belastungszeugen entlarvten so Wittekinds angeblichen Idealismus für die nationalsozialistische Bewegung, denn *«die Art und Weise aber wie er für den Nazismus gekämpft und geworben, hat in der Bevölkerung Büdingens Befremden erregt»,* [100] entgegneten die Kläger in ihrer Klageschrift vom 9. Dezember 1946.

Wilhelm Grimm war 1924-1933 Direktor der landwirtschaftlichen Schule in Büdingen. Er kannte die Familie Wittekind seit längerer Zeit, hörte sogar von anderen, dass Heinrich Wittekind Demokrat gewesen sei und erst 1932/33 sich der NS-Bewegung angeschlossen habe. Der Anlass zu Grimms Entlassung war eine Abschlussfeier des Schuljahres im März 1933, bei der er wie alljährlich eine Rede hielt. Als Berichterstatter war Dr. Wittekind «in Uniform» als Vertreter des Kreisleiters und der Stadtverwaltung anwesend. Der anschließend veröffentlichte Artikel war keine reine Wiedergabe der Veranstaltung, sondern hatte sich ins Politische verkehrt. Wittekinds Vorwurf an Grimm war, er habe nur Hindenburg erwähnt und nicht Hitler. Die Schüler hätten erst die Hakenkreuzfahne hissen müssen, um dann das Horst-Wessel-Lied am Ende der Feier zu singen. Zwar war der Beitrag von Wittekind nicht unterzeichnet, aber dann wurde Grimm zugetragen, dass er doch aus der Feder von Wittekind stamme. Daraufhin nahm er all seinen Mut zusammen und sprach Wittekind direkt darauf an, der ihm antwortete, dass er ihn ja verklagen könne, aber diesmal werde er nicht gewinnen, *«denn heute sind andere Herren am Ruder»*. Zu diesen beiden Punkten wurde Grimm vereidigt. In seiner Verteidigung erwiderte Wittekind, dass er die Feier nur im Auftrag der Ortsgruppe besucht habe, von einer Denunziation könne keine Rede sein. [101]

Grimm war ein zurückhaltender Zeuge, der einerseits nicht sagen mochte, dass Wittekinds Handeln direkt zu seiner Entlassung geführt hatte, andererseits übermittelte er präzise Aussagen, die Belastendes auflisteten; z.B. erwähnte er einen Bericht, in dem sich Wittekind über Lehrer des Kreises Büdingen geäußert hatte. Zwar wird in der Spruchklammer-Akte nicht ausgeführt, welchen Inhalt diese Ausführungen hatten, aber es kann sich nur um deren fehlende politische Zuverlässigkeit zum Nationalsozialismus gehandelt haben. Diese Einschätzungen über seine ehemaligen Kollegen leitete er an die Parteileitung weiter. Wittekind habe somit, sagte Grimm, zu seiner und Dr. Kellers Entlassung aus dem Schuldienst beigetragen. In einem letzten Satz unterstrich Wilhelm Grimm, *«daß er* [Wittekind, P.B.] *sich aktiv für die Belange des NS auch späterhin noch eingesetzt und seine Stellung dazu benutzt hat, andere zu schädigen».* [102]

In dieser Zeit wurde auch über Dr. Martin Markloff ein Bericht erstattet, der seit 1930 als Studienrat am Wolfgang Ernst-Gymnasium eingesetzt war. Er war seit 1933 Mitglied der hessischen Zentrumspartei in Mainz und gehörte der Vereinigung «Glaube und Treue» an, die dem katholischen Flügel der Deutschnationalen Partei ideell nahestand. Heinrich Wittekind hatte dem Kreisleiter Dr. Heiland Informationen zukommen lassen, die zu einer Überprüfung von Kollegen Wittekinds führten. Nach Wittekinds Berichterstattung über Dr. Markloff wurde dieser am 17. Oktober 1933 aufgefordert, seine Pensionierung einzureichen. [103]

Derart unter Druck gesetzt, reichte er einen entsprechenden Antrag ein, der zum 1. Januar 1934 wirksam wurde. Um Einkommen und Unterhalt für seine Familie zu gewährleisten, begann Dr. Markloff Privatunterricht zu erteilen. Doch nach wenigen Wochen wurde er vom Kreisleiter darüber belehrt, dass er Mitglied der Partei werden müsse, sonst könne er nicht *«Leiter eines privatunterrichtlichen Unternehmens»* sein. Durch diesen erneuten Druck ließ er sich drängen, in die Partei (NSDAP) einzutreten. Pflichtgemäß zahlte er seine Beiträge, ohne je ein Parteibuch erhalten zu haben. Schließlich erhielt Dr. Markloff 1941 eine Dienstverpflichtung in die Marineabnahmeabteilung in Düsseldorf. Erst mit dem damit verbundenen Umzug kehrte Ruhe in sein Leben ein.

Als Dr. Markloff in den ersten Monaten des Jahres 1941 noch in Büdingen war, spielte Hedwig Wittekind mit dem Gedanken, für eine längere Zeit in Büdingen zu leben. Von ihrer Schwägerin Elisabeth erhielt sie Kenntnis von dem «Fall Markloff». In seinem Brief vom 5. Mai 1941 kommt Bruder Albrecht auf «den Fall» zu sprechen.

«Liebe Hedwig! Ich habe da (pers. Feindschaft) auf einen Fall angespielt, wo er jetzt einem Kollegen, der als Staatsfeind hatte aus dem Dienst scheiden müssen (also wohl ein nicht unintelligenter Mensch sein muß), und der sich eine gute neue Existenz durch Stundengeben aufgebaut hatte, buchstäblich diese ganze Existenz ruiniert hat, auf Grund verhältnismäßig geringfügiger Vorkommnisse. Elisabeth teilte mir dies mit mit der Bitte, ich möge den Vater nicht wissen lassen, daß ich es von ihr weiß. Also rede nicht darüber. Wir waren ganz gut mit den Leuten bekannt, und ich verstehe, daß Elis. darüber eine schlaflose Nacht gehabt hat.»

Sie denkt ans Abreisen. Ihr Bruder versucht erneut zu schlichten und es gelingt ihm offenbar, sie davon abzuhalten.

«Liebe Hedwig! Nur rasch ein paar Worte, bevor Du heimfährst. Ich nehme an, daß Du noch nicht weg bist und Dich diese Zeilen noch dort erreichen. Nimm Dir doch im Interesse des Familienfriedens vor, mit dem Vater nur ganz oberflächlich über Politik zu sprechen. Ganz zu streichen wird das Thema von den Unterhaltungen nicht sein. Dieser Vorsatz ist nicht immer so gut durchzuführen, auch ich hatte es mir schon wiederholt vorgenommen und habe es dann doch nicht durchgeführt. Deshalb laß es mich Dir noch einmal besonders ans Herz legen. Gib ihm ruhig einmal recht, auch wenn Du denkst, protestieren zu müssen.» [104]

Einen Monat später trat genau das ein, was eigentlich vorherzusehen war. Während Hedwig ans Arbeiten von kleinen Plastiken dachte, ihr Zimmer einrichtete und die Ruhe genießen wollte, hatte Vater Wittekind anderes im Kopf. Er schlug seiner Tochter vor, sie könne doch was Praktisches tun, z.B. bei der Ernte helfen, Holz für den Winter bündeln oder die Kinder ihres Bruders zu den Großeltern begleiten. Wütend über diese väterliche Anmaßung, über sie zu verfügen, beschwerte sie sich bei ihrem Bruder, bei dem sie auf Verständnis hoffte:

«Lieber Albrecht! Der Vater hat zu mir gesagt, daß ich alle zwei Tage mit den Kindern heraufkommen soll. Ich sagte, daß ich das nicht kann, da ich selbst auch zu tun habe. Sie sollten doch manchmal ihr Mädchen schicken. Aber die wollen sie nicht entbehren. Ich finde aber, wenn ihnen so viel dran liegt, können sie auch was dafür tun. Warum soll ich denn das? Ich gehe manchmal hin, aber seit ich das von dem Markloff weiß, bin ich sehr abgehärtet gegen sie. (Es soll übrigens nicht das einzige sein.) Da ich aber nichts sagen darf und mich schon verstellen kann, ist oben mein Benehmen recht verkrampft – wie gesagt, und ich will so wenig wie möglich belastet sein, sonst gehe ich wieder fort. Das verstehst Du gewiß. … Nun, endlich mal Schluß. Es ist aber mehr unerfreulich gewesen, was ich geschrieben habe, aber nicht zu vermeiden. Ich habe die Absicht, Frieden zu halten, das glaube mir. Aber Du kennst ja das Sprichwort «es kann der Beste nicht in Frieden leben, wenn es dem bösen Nachbarn nicht gefällt». Darum, man bleibt am besten allein, so ist alles in Ordnung. Nun sehr herzliche Grüße lieber Albrecht von deiner Hedwig.» [105]

In diesen Sommermonaten fand sie keine Ruhe und je größer ihr Einblick in Vorkommnisse ihres Elternhauses, umso weniger will sie darauf Rücksicht nehmen. Sie ist weder gewillt, sich der väterlichen Autorität zu beugen noch sich politisch seiner Überzeugung anzupassen, geschweige denn sein abträgliches Verhalten zu übergehen. Von einem Familienfrieden ist sie weit entfernt und sie schreibt am selben Tag an ihren Bruder:

«Aber bei diesen widerspenstigen Leuten und verworrenen Verhältnissen bin ich ganz ratlos. Wenn mir der Kram über den Kopf wächst, gehe ich wieder nach Berlin. Mag kommen was da will – Ich habe mehr Angst vor der Pfnorrstraße und all dem Kram hier, als vor den Bomben. Dort kann ich leben, Geld verdienen und brauch mich nicht zu ärgern. Da betrachte ich eben den Aufenthalt hier als Sommerfrische, solang ich noch da bin.» [106]

Dr. Heinrich Wittekind wurde am 29. April 1948 von der Spruchkammer in die Gruppe III eingestuft, d.h. als minderbelastet mit sechsmonatiger Bewährung und einer Geldstrafe belegt, ein Jahr später am

25. März 1949 in die Gruppe der Mitläufer herabgestuft.[107] Wittekind war mittlerweile achtzig Jahre alt. Sein Sohn Albrecht, der sehr wohl um das nationalsozialistische Engagement seines Vaters wusste, setzte alles daran, ihn in seinem Entnazifizierungs-Verfahren in ein günstiges Licht zu rücken. Dabei ging er so weit, dass er eine Aussage zu seinen eigenen Gunsten zum Verfahren des Vaters beifügen wollte. Darüber hinaus besorgte er eine eidesstattliche Erklärung, die man nur als «Persilschein» werten kann. Darin bescheinigte eine Lotte Störkel, dass es Hedwig gelungen war, obwohl sie die antisemitische Haltung ihres Vaters kannte, ihn so weit zu bringen, dass er voll und ganz hinter der Rettung des Kindes stand und dieses Kind sogar ein Vierteljahr bei sich aufgenommen und mit großer Liebe und Sorgfalt gepflegt habe. Heinrich Wittekind ging sogar so weit zu sagen, dass er und seine Frau die Rettung erst ermöglicht hätten, was definitiv nicht der Wahrheit entsprach. Um dies zu unterstreichen, wurde in der Spruchkammer-Akte des Vaters das Original beigefügt, das Hedwig Wittekind im Sommer 1945 über die «wunderbare Rettung eines kleinen jüdischen Mädchens» verfasst hatte. Eine Kopie befindet sich in der Akte des Sohnes Albrecht, der anerkanntermaßen an der Rettung beteiligt war. In sein Spruchkammer-Verfahren hätte das Original übernommen werden müssen. Alle Bemühungen des Sohnes für den alten Vater wurden als Entlastung nicht angenommen. Die Spruchkammer erkannte zu Recht, dass die Tochter die Retterin war und Heinrich Wittekind «sehr spät» davon Kenntnis erhalten hatte. Hatte der Vater denn überhaupt von dem jüdischen Mädchen im Hause seiner Tochter gewusst? Und wann? War sein mögliches Stillschweigen der Beitrag zur Rettung? Es ist denkbar, dass der in Büdingen angesehene Name Wittekind in den letzten Kriegswochen Hedwig vor einer Verhaftung bewahrte.

Zum 90. Geburtstag Wittekinds erschien im «Kreis-Anzeiger» 1957 eine Würdigung. Der Laudator schrieb: *«Dieser Mann, der noch allen aktuellen Themen wie in seinen besten Jahren offen gegenübersteht, gehörte mit seinem Wirken in der Tat ganz seiner Vaterstadt.»* Er erinnert an seine Gymnasialzeit, den humanistischen Erzieher und den eifrigen *«Verfechter der humanistischen Idee»*. Über seinen publizistisch-politischen Einsatz in der NS-Zeit wird kein Wort verloren, entsprechend dem braunen Zeitgeist der bundesrepublikanischen Nachkriegsgesellschaft.[108]

Während Vater Wittekind die ersten Artikel zu «Ariertum» und Judenfeindschaft veröffentlichte, hatte sich Albrecht Wittekind bereits wieder von der NSDAP abgewandt. Im Jahr 1930 war er in die nationalsozialistische Partei eingetreten und als Stützpunktleiter einer kleinen Gruppe von zwölf Männern in Büdingen bekannt. 1931 absolvierte er seine Referendarzeit in Heppenheim und ließ sich nach seinem bestandenen juristischen Staatsexamen als Rechtsanwalt in Büdingen nieder. Während seiner Referendarzeit formulierte er, was er unter wirtschaftlichen Aspekten vom Nationalsozialismus erwartete. Seine Arbeit wurde 1934 im nationalsozialistischen Eher-Verlag in München unter dem Titel *«Das Dritte Zeitalter – Das wirtschaftliche und soziale Problem und seine natürliche Lösung»* veröffentlicht, kurz darauf allerdings wegen Nichtvereinbarkeit mit der nationalsozialistischen Weltanschauung aus dem Verkauf zurückgezogen. Seine Erklärung zum Inhalt lautete: *«Aus diesem Buche geht hervor, was ich mir unter ‹Nationalsozialismus› vorgestellt habe, als die Partei noch ein unbeschriebenes Blatt war und man sich eine Lösung wirtschaftlicher Probleme von ihr versprechen durfte. Als sich herausstellte, dass die Partei nur ein Instrument der Machtgier einer gesellschaftlichen Clique war, die ich von Jugend auf immer abgelehnt habe, rückte ich in der entschiedensten Weise von ihr ab, die man sich denken kann … .»*[109]

Sein Rückzug aus dem aktiven Parteileben begann mit Differenzen mit dem damaligen Büdinger Kreisleiter Heiland. Albrecht Wittekind wurde vorgeworfen *«fortgesetzt Juden gegen Pg. (Parteigenossen) zu vertreten, außerdem wird ihm unkameradschaftliches Verhalten gegen Pg. zur Last gelegt»*.[110]

Es kam zu einer Vorladung vor das Parteigericht und zur Hauptverhandlung am 11. April 1935 im Amtsgericht Büdingen. Als Vertreter der Anklage nahmen der Ortsgruppenleiter Parteigenosse Lohrey und der Vertreter der SA (Sturmabteilung) Scheidt teil. Bei diesem Termin wurde Albrecht Wittekind formell aus der Partei ausgeschlossen. Um seinen Parteiausschluss im späteren Entnazifizierungsverfahren zu beweisen, holte Wittekind zwei eidesstattliche Erklärungen von ihm nahestehenden

Personen ein, denen er davon berichtet hatte. Schlossermeister Heinrich Schön und sein damaliger Bürovorsteher Willy Steinmark bescheinigten, dass er ihnen von diesem Ausschluss berichtet hatte. Steinmark erinnerte sich, dass im Frühjahr 1935 der Hauptgrund für den Ausschluss das rechtsanwaltliche Mandat von Juden war und bestätigte die schon vorgetragenen Gründe: *«Ferner spielten Differenzen mit der örtlichen Parteileitung mit, wahrscheinlich auch die politische Gesamthaltung Wittekinds, der schon seit längerer Zeit an dem Parteileben keinen Anteil genommen und sich offenbar innerlich von dem Nationalsozialismus abgekehrt hatte.»* In Büdingen sei es allgemein bekannt gewesen, dass Wittekind bei Rechtsstreitigkeiten Juden vor Gericht verteidige, bestätigte der damalige NS-Kreisleiter Heiland, als er nach 1945 zu dem Vorgang befragt wurde.

Albrecht Wittekind wurde am 26. August 1939 zur Wehrmacht einberufen. Aus dieser Zeit kannte er mehrere Zeugen, die ihm bescheinigten, dass er sich in den Kriegsjahren *«anti-militaristisch und anti-nationalsozialistisch»* geäußert hatte. Nach der Teilnahme am Frankreich-Feldzug 1940 war er im Kriegsgefangenenlager Stalag IX A in Ziegenhain/Bez. Kassel aufgrund seiner hervorragenden Französischkenntnisse als Dolmetscher eingesetzt. Die Aussagen von Dr. Otto Nickel (1945 Amtsgerichtsrat in Weilburg), Studienassessor Ernst Laubach und Kriegskamerad Heinrich Klement sowie mehrerer französischer Kriegsgefangener und Priester bezeugten dies eidesstattlich. Seine frankophile Haltung war unter den Gefangenen bekannt, die froh waren, wenn er ihre Interessen vor einem Kriegsgericht vertrat. Amtsgerichtsrat Dr. Otto Nickel, seit Mai 1942 im Kriegsgefangenenlager eingesetzt, bescheinigte darüber hinaus, dass er zum *«Kreis oppositionell eingestellter Angehöriger»* zählte, und Nickel wusste sogar vom Aufenthalt der untergetauchten Jüdin Adelheid Müller-Hess mit ihrem Kind im Hause von Albrecht Wittekind in Büdingen. Ernst Laubach arbeitete mehr als vier Jahre mit ihm zusammen und hatte ihn *«während dieser Zeit als ausgesprochenen Antifaschisten und Antimilitaristen kennengelernt»*. Heinrich Klement aus Oberursel war, wie er schreibt, *«damals oft geradezu erschrocken über die offene und schonungslose Kritik Wittekinds an der Nazi-Herrschaft und habe mich eigentlich ge-*

wundert, daß er nicht eines Tages von der Gestapo festgenommen wurde.» Alle drei Zeugen waren keine Mitglieder der Partei gewesen.

Aus dem privaten Umfeld bescheinigte Käthe Will aus Alsfeld (1946), dass sie zu der Familie Wittekind seit dreißig Jahren freundschaftliche Beziehungen pflege und die politische Haltung von Albrecht Wittekind kenne. Er sei schon kurz nach der Machtübernahme restlos enttäuscht gewesen und habe sich radikal abgewandt. Zwischen 1940-1944 hatte sie fast wöchentlich Kontakt mit ihm, da er oft von Ziegenhain nach Alsfeld kam, um in ihrer Wohnung seine beiden Söhne zu treffen, die für einen Wochenendbesuch anreisten. 1943 hatte sie durch ihn auch von dem jüdischen Kind gehört. Sie wäre bereit gewesen, sich um das Mädchen zu kümmern, wenn ein Aufenthalt in Büdingen nicht mehr sicher gewesen wäre.

Hedwig und Bruder Albrecht im Kreis von Freunden (2. und 3. von rechts)
Aufnahme ca. 1929

Entscheidend für die Verhandlung vor der Spruchkammer II in Büdingen war für Albrecht Wittekind die Erklärung von Adelheid Müller-Hess, als sie am 5. Januar 1946 vor dem Büdinger Bürgermeister erschien und eine eidesstattliche Erklärung abgab: *«Als dann Anfang August 1943 Fräulein Wittekind uns ihre Berliner Wohnung als Zufluchtsort zur Verfügung stellte und selbst mit meinem Kind in dem Hause des obengenannten Herrn* [Albrecht, P.B.] *Wittekind Wohnung nahm, war dieser nicht nur mit dieser Maßnahme einverstanden, sondern unterstützte im Rahmen seiner Möglichkeiten dieses Unterfangen, auch durch Beisteuerung von Lebensmitteln und Lebensmittelkarten. Herr Wittekind, der zur damaligen Zeit Soldat war, setzte sich damit einer erheblichen Gefahr aus.*

Beide Menschen haben in den fast zweieinhalb Jahren außerordentlich große Opfer, sowohl im Hinblick auf die Gefahr als auch in materieller Hinsicht auf sich genommen und zur Rettung meines Kindes den größten Teil beigetragen. Auch mir selbst hat Herr bezw. Frl. Wittekind im Jahre 1943 für einige Wochen Gastfreundschaft in dem Büdinger Hause des Herrn Wittekind gewährt.

Aus allen Äußerungen und Gesprächen des Herrn Wittekind, die er auch mit meinem Mann, der leider noch nicht aus dem KZ zurückgekehrt ist, geführt hat, ist mir bekannt, daß Herr Wittekind mindestens seit der Zeit unserer Bekanntschaft antifaschistisch und antimilitaristisch eingestellt war, was er ja auch bewiesen hat. Den ausführlichen Bericht über dieses ganze Unternehmen verfaßt von Frl. Wittekind unter dem Titel ‹HANNA, die wunderbare Errettung eines kleinen jüdischen Mädchens› habe ich gelesen und kann, soweit ich als Zeuge darüber aussagen kann, die Richtigkeit der darin gemachten Ausführungen bestätigen.» [111]

Trotz dutzender Aussagen zu Gunsten Albrecht Wittekinds wurde er nicht als «entlastet» angesehen, denn dagegen sprach seine frühe Mitgliedschaft in den Jahren 1930-1935. Er wurde von der Spruchkammer am 28. April 1948 daher als «Mitläufer» in die Gruppe IV eingestuft. Seine Erwiderung auf die Klageschrift begann mit dem Eingeständnis, dass er mit seinem Parteieintritt einen großen Fehler gemacht hatte.

Hedwig Wittekind wurde vor keine Spruchkammer geladen.

Neubeginn ohne Zukunft

Im Sommer 1945 berichtete Albrecht Wittekind dem Oberrabbiner Dr. Neuhaus in Frankfurt am Main von der Rettung des Kindes. Erstaunt merkte Neuhaus an, dass ihm in der amerikanischen Besatzungszone nur ein einziger derartiger Fall bekannt geworden war. Wenn die Amerikaner nur 14 Tage später gekommen wären, dann hätten auch die Heimeltern Petzold das Mädchen nicht mehr schützen können. Da die Rettungsgeschichte so unglaublich klang, setzte sich Bruder Albrecht an die Schreibmaschine und Hedwig erzählte ihm die Ereignisse der letzten drei Jahre. Ursprünglich dachte er sogar daran, diese Erlebnisse seiner Schwester zu veröffentlichen. Aber der Zeitpunkt war noch zu früh. Niemand wusste, was in Berlin im letzten Kriegsjahr geschehen war. Erst als Adelheid Müller-Hess im Januar 1946 nach Büdingen kam und endlich ihre Tochter wiedersah, erfuhren sie von den zahlreichen Verhaftungen.

Hedwig hatte lange und ungeduldig auf die Rückkehr ihrer Berliner Freunde gewartet. Da Adelheid Müller-Hess aber als Krankenpflegerin die letzten Insassen des Lagers Theresienstadt betreute, kehrte sie erst im August 1945 nach Berlin zurück. Noch im Oktober 1945, als sie sich bei den Berliner Behörden zurückmeldete, wusste sie nichts über den Verbleib ihres Ehemannes und die Rettung ihrer Tochter. Als sie schließlich im Januar 1946 nach Büdingen kam, brachte sie keine guten Nachrichten mit. Ihr Ehemann Werner war am 3. Januar 1945 im Konzentrations-Außenlager Kaufering, einem von einhundert Außenlagern des Lagers Dachau, ums Leben gekommen. Sie bestätigte die von Hedwig Wittekind befürchteten Verhaftungen aus der Widerstandszelle um Franz Streit und zahlreicher Widerständler. Sie wusste vom Todesurteil für Franz Streit und seiner Hinrichtung im Zuchthaus Brandenburg-Görden am 22. Januar 1945.

Vor ihrer Rückkehr nach Berlin ging Adelheid Müller-Hess noch auf das Bürgermeisteramt in Büdingen und bestätigte eidesstattlich, dass Hedwig und Albrecht Wittekind sowie Kurt und Erna Petzold das Überleben ihrer Tochter Hanna gesichert hatten. Danach kehrte sie mit Hanna nach Berlin zurück.

Bereits im Sommer 1946 sang Adelheid Müller-Hess ihre erste Partie in der Oper «Madame Butterfly». Bis 1957 hatte sie ein Engagement an der Deutschen Staatsoper Berlin und an der Komischen Oper Berlin. Sie stand auf der Bühne in den Rollen der Lucia in der Oper «Cavalleria Rusticana», in Tschaikowskys «Pique Dame», in dem Musikdrama «Tiefland». Sie sang die Kathinka in Smetanas Oper «Die verkaufte Braut», den Alt-Part in «Rigoletto», «Die Zarenbraut» und «Jenufa» von Leoš Janáček wie in seiner Oper «Das schlaue Füchslein» bei den Internationalen Maifestspielen 1957 in Wiesbaden. Nach Abschluss ihrer aktiven Bühnenkarriere erhielt sie eine Professur an der Musikhochschule der Komischen Oper.

Sonntag, 8.30 Uhr, Einweihung von Gedenktafeln für Genossen Franz Streit und Genossen Karl Köthen

Kampfdemonstration und Kranzniederlegung

Sammeln aller Werktätigen: 9.15 Uhr, Marktplatz

Am kommenden Sonntag, am Tag der Opfer des Faschismus, gedenken wir all derer, die ihr Leben für ein Deutschland ohne Faschismus und Krieg einsetzten. Aus diesem Anlaß findet eine Kampfdemonstration mit Kranzniederlegung am OdF-Ehrenmal auf dem Wilhelm-Pieck-Platz in Demmin statt. Alle Werktätigen unserer Kreisstadt sammeln sich um 9.15 Uhr auf dem Demminer Marktplatz. Die Ansprache am Ehrenmal hält das Mitglied des Sekretariats der SED-Kreisleitung, der Vorsitzende des Kreisvorstandes des FDGB, Genosse Derlat.

Vor der großen Demonstration all unserer Werktätigen wird in Anwesenheit des Sekretariats der Kreisleitung und verschiedener Betriebsdelegationen die Gedenktafel für den illegalen Widerstandskämpfer Genossen Franz Streit feierlich enthüllt. Für diesen aufrechten Kämpfer, der als Angehöriger der Anton-Saefkow-Gruppe oft in Demmin wirkte und nach seiner Verhaftung durch die Faschisten von ihnen in Brandenburg hingerichtet wurde, wird mit dieser Tafel eine würdige Erinnerung an ein mutiges Kämpferleben festgehalten.

Nach der Einweihung dieser Tafel wird in der Karl-Köthen-Straße eine Erinnerungstafel enthüllt. Sie ist dem Metallarbeiter Karl Köthen geweiht. Genosse Karl Köthen organisierte in Demmin den Metallarbeiterverband und gründete die Ortsgruppe der KPD Demmins.

Der engste Kampfgefährte von Karl Köthen, der 1937 einer schweren Krankheit erlag, war Genosse Franz Müller, der am kommenden Sonntag die Erinnerungstafel enthüllen wird.

F.E. 11.9.69

Artikel vom 11. September 1969 in der Zeitung «Freie Erde» zur Einweihung einer Gedenktafel für Franz Streit in Demmin. Verlegung eines Stolpersteins für Franz Streit vor dem Haus Taunusstrasse 4 in Berlin im Jahr 2008

Adelheid Müller-Hess und ihre Tochter. Aufnahme ca. 1946

Kartengruß an Tante Witte: «Zu Deinem Geburtstag viele gute Wünsche. Bleibe gesund! Ich behalte Dich immer lieb»

Hedwig ging nie mehr nach Berlin zurück. Sie hätte in ihre unzerstörte Wohnung zurückkehren können, denn die Frage, wo sie als Künstlerin arbeiten und leben konnte, war doch längst geklärt. Als sie 1941 im Briefwechsel mit ihrem Bruder Albrecht jedes Für und Wider eingehend erwogen hatte, war entschieden, dass sie eine berufliche Perspektive nur in Berlin sah: *«Ich habe keine Lust mehr, grosse Veränderungen zu unternehmen, nicht beruflich und auch nicht meinen Wohnort betreffend. Ich möchte hierbleiben, porträtieren, um später meine besten ‹Werke› auszustellen. … Ich werde versuchen, dass es mir als Künstlerin gelingt. Das ist das Einzige, denke ich - vielleicht habe ich bald genug Werke zum Ausstellen.»* [112]

Sie hatte damals noch Pläne, sich an Ausstellungen in Frankfurt oder Darmstadt zu beteiligen und dafür Werke zu schaffen. Fünf Jahre später war sie entmutigt. Offenbar hat sie nicht mehr als Künstlerin in Büdingen gearbeitet. Nur ein paar Kleinplastiken aus dieser Zeit sind erhalten. Sie fand eine Anstellung in der Keramik-Fabrik ihres Stiefbruders Herbert und fertigte dort Handmalereien an.

Niemand weiß heute noch, warum sie in Büdingen geblieben ist. Nach dem Zusammenbruch des Dritten Reichs gab es weder in Büdingen noch im gesamten Reichsgebiet Anzeichen für einen Neuanfang. Was einige Wenige als Befreiung empfanden, war für die Mehrheit der nationalsozialistischen Anhänger eine Niederlage. Bald besetzten sie wieder staatstragende Ämter. Es war nicht angesagt, über das Unrecht und den Terror des Nazi-Regimes zu sprechen und erst recht nicht über den Rettungswiderstand von Hedwig Wittekind und anderen mutigen Gegnern des Nationalsozialismus. In der noch braun-gefärbten Nachkriegsgesellschaft wurde mancher Widerstandskämpfer als Volksverräter angesehen. Selbst der Antisemitismus war nach den Gräueltaten und den Toten nicht verschwunden.

Vermutlich hat Hedwig Wittekind keine Kraft mehr für ihren eigenen Neuanfang gehabt. Vielleicht hat sie nach dem Verlust vieler ihrer Freunde durch Emigration, Krieg und Widerstand und nach dem Abschied von dem kleinen Mädchen der Lebensmut verlassen. Ihr früher Tod im

«Ich will nicht mehr dran denken, dass sie Dich gemordet haben. Ich will nur denken, dass Du lebst - in einer guten, reinen schönen und sinnvollen (Wel…t) Mein Freund, mein Lieber – ich vergesse Dich nicht. September 1946» (Foto von Werner Müller an Hedwig übersandt, die auf der Rückseite diese Worte hinterließ.)

Alter von 53 Jahren war ein selbstgewählter Tod. Am 31. Oktober 1949 starb sie durch Leuchtgas. Ein besonderer Vermerk auf der Sterbeurkunde sollte auf eine Unfallursache hinweisen. In der Todesanzeige der Familie ist zu lesen, dass *«sie arm an äußeren, aber reich an inneren Gütern»* war. Adelheid Müller-Hess schrieb drei Jahre nach ihrem Tod: *«Wir hatten eine sehr arme Künstlerin kennen gelernt, die aber viel Idealismus besass.»*

Hanna lebt heute als Künstlerin im Süden Deutschlands, sie hat Kinder und Enkelkinder.

Anhang

Untergetaucht in Frankfurt und aus Frankfurt hinaus

Dramatisch waren die Rettungsbemühungen auch in Frankfurt, doch entwickelten sie sich vor einem ganz anderen Hintergrund. Durch die vor 15 Jahren intensiv begonnenen Forschungen, die auf meiner Website zum Rettungswiderstand in Auszügen dokumentiert werden, wurden auch aus Frankfurt Fluchtrouten, Verstecke und über das Land verstreute Helfer-Kreise bekannt. Während in der Mehrheit die Frankfurter Verfolgten in der Stadt ein Untertauchen vermieden, strandeten einige Berliner in der Stadt am Main.

Als eine der ersten Untergetauchten flüchtete Toni Schneider von Berlin nach Frankfurt im Herbst 1942 zu einer befreundeten Familie. Sie überlebte unter dem falschen Namen «Margarete Maurer» die nächsten Jahre. In Frankfurt hatte ihr Sohn Dr. Günther Schneider am Gagern-Krankenhaus gearbeitet, bis er vor der letzten großen Deportation flüchtete. Bei seinem Versuch die Schweiz zu erreichen scheiterte er und wurde deportiert.

Das Ehepaar Max und Rosa Sachs mit seinen Zwillingstöchtern Ilse und Margarete ging von Berlin zuerst ins Ruhrgebiet. Nachdem die Töchter bei einer Razzia in Dortmund am 29. Juni 1943 verhaftet wurden, kamen die Eltern über Kassel nach Frankfurt am Main und überlebten in drei verschiedenen Quartieren bis zur Befreiung. Die Töchter wurden nach Berlin verschleppt und von dort am 24. August in das Konzentrationslager Auschwitz deportiert und ermordet.

Eva Fleischmann hatte in Dutzenden Städten illegal gelebt, bevor sie aus Breslau über Berlin in Richtung Westen floh. Im März 1944 konnte sie bei Margarete Ludloff im Frankfurter Westend untertauchen, die bereits ihre Berliner Lehrerin Margarete Fraenkel aus dem Kindergärtnerinnen-Seminar aufgenommen hatte.

Im Herbst 1944 gelang es auch dem Musiker Konrad Latte, bei seiner damaligen Freundin und späteren Ehefrau in Frankfurt-Eschersheim unterzutauchen. Als das Paar nach einem Bombenangriff aus der zerstörten

Wohnung flüchten musste, ging es in das nahegelegene Bad Homburg und erlebte dort die Befreiung.

Da alle anderen angrenzenden Staaten von der deutschen Wehrmacht besetzt waren, trauten sich nur wagemutige Menschen auf den langen Fluchtweg in die Schweiz. Zu den wenigen bekannten Fluchtversuchen aus dem Jahr 1941 – mit Beginn der großen Deportationen – gehörte der von Ferdinand Strauss aus Frankfurt hinaus. Er flüchtete zu einem ihm bekannten Landwirt nach Erbach bei Michelstadt in den Odenwald. Da er dort durch einen polnischen Landarbeiter verraten wurde und nicht mehr sicher war, wagte er den nächsten Schritt über die Grenze in die Schweiz.

Erna Barth-Höhmann verfolgte die Verhaftungen ihrer Freundinnen und wartete erst gar nicht den Zeitpunkt eines Deportationstermin ab. Sie tauchte im Herbst 1941 unter und versteckte sich drei Jahre lang bei Freunden in Frankfurt.

Auch die in der Frankfurter Gestapo-Statistik «vermissten» Juden des Jahres 1942 versuchten, die grüne Grenze der Schweiz und einen auswärtigen Unterschlupf zu erreichen. Die ehemalige Gemeindeschwester der evangelisch-reformierten Gemeinde, Elisabeth Neumann, ging in Schwesterntracht auf den Grenzzaun zu.

Zwei Frauen flohen mit ihren Kindern nach Straßburg in das besetzte Frankreich. Ein Untertauchen im Frankfurter Stadtgebiet war zu riskant.

Maria Fulda wurde bei Gefahr in der Wohnung ihrer Retterin in der Schlafcouch versteckt, später brachte sie Irene Block in ein seit langem angemietetes Zimmer aufs Land. Um misstrauischen Blicken selbstbewusst zu begegnen, wurde dem 25-jährigen Robert Eisenstädt aus Hanau (zuletzt in Frankfurt versteckt) für die Zugfahrt bis ins Schweizer Grenzgebiet ein Gipsverband angelegt. Mit einem gestohlenen Wehrpass und seiner Braut an der Seite gelangten sie auf den für sie ausgearbeiteten Fluchtweg über Bach und Zaun auf die rettende schweizer Seite.

Es war ein großer Kreis an Rettern und Helfern aus dem «Bockenheimer Netzwerk», die sich nicht nur um mehrere Verfolgte kümmerten, sondern über den langen Zeitraum bis zum Einmarsch der amerikanischen Truppen Ende März 1945 Verstecke, Lebensmittel, Fluchtrouten organisierten. Eine Widerstandsgruppe um den Kriminalbeamten Christian Fries gehörte zum Leuschner-Kreis und schuf Verbindungen zu weiteren Widerständigen. Ihr politischer Widerstand schloss Warnungen, Fluchtversuche und Rettungen mit ein. [113]

Die Frankfurter Verfolgten flüchteten in der zweiten Kriegshälfte eher aus der Stadt, um sich als Landarbeiter oder mit gefälschten Ersatzdokumenten durchzuschlagen, denn in Hessen setzte der Gauleiter Jakob Sprenger alles daran, seinen Gau als einer der ersten als «judenrein» verkünden zu können. Sein ganzes Bestreben ging dahin, auch nach dem Abschluss der zehn großen Deportationen aller «Volljuden» am 25. September 1942 alle weiteren Juden abzuschieben. Aber wer lebte denn als Jude noch in Frankfurt bzw. im Einflussbereich des Gauleiters in Hessen?

In Frankfurt waren es 850 Ehepaare, die in einer sogenannten Mischehe lebten. Was nun im Oktober 1942 begann, war zu dieser Zeit einmalig im deutschen Reichsgebiet und eine willkürliche Maßnahme. Nach einer mündlich getroffenen Anweisung an die Gestapo-Leitung erhielten die ersten jüdischen Partner aus Mischehen eine Vorladung zu einem Verhör, was ohne Rückkehr zum Ehepartner in die Gefängniszelle mit anschließender Deportation führte. Der in Mischehe lebende Personenkreis war völlig überrascht von dieser Maßnahme. Er wähnte sich in einer gewissen Sicherheit und in einem «geschützten» Status durch seine christlich erzogenen Kinder («privilegierte Mischehe») und den christlichen Ehepartner. Es zeigte sich, dass sich diese Privilegierung als «keine sichere Überlebensstrategie» (Beate Meyer) erwies, sondern lediglich einem Zeitaufschub gleichkam. In Hessen aber gab es noch nicht einmal diesen Zeitaufschub. Die letzten verbliebenen jüdischen Gemeindemitglieder aus Wiesbaden und Frankfurt, die zur finanziellen Abwicklung der jüdischen «Restvereinigung» noch in der Stadt lebten, wurden im April bzw. Juni 1943 deportiert. Eine Fabrikaktion größeren Umfangs wie in Berlin hat es nie gegeben. Zumindest geben die nur als Residuen vorhandenen Deportationslisten darüber keinen Nachweis. Es brauchte Monate, bis sich unter den verfolgten Mischehepaaren herumgesprochen hatte, dass die Vorladungen zu einem Verhör, zu Inhaftierung und Verschleppung führten. Erst im Februar 1943 hatten sich die Gerüchte zur Wahrheit verdichtet, dass nämlich niemand von diesen Verhören zurückkehrte, sondern die Vorgeladenen in ein Lager in Oberschlesien verschleppt wurden, «aus dem niemand mehr herauskommt».[114]

Erst auf Druck des Reichssicherheitshauptamtes in Berlin wurde diese «lokale Aktion» des hessischen Gauleiters gegen die jüdischen Partner aus Mischehen beendet. Die Verhaftungen und Verschleppungen liefen von nun an in Einzelaktionen bis Kriegsende weiter. Als letzte große Deportation wurden im Februar 1945 noch 191 Frankfurter Juden aus Mischehen in das Ghetto Theresienstadt verschleppt. Mehr als zweihundert Verfolgte tauchten zwischen 1943 und 1945 aus dieser Personengruppe unter. 1943 suchte man nach Fluchtwegen außerhalb der Stadt, d.h. in den Wäldern des nahegelegenen Taunus und in den Städtchen und Dörfern im Umland.

Zum Gedenken

«Es ist unmöglich der eineinhalb Millionen Kinder zu gedenken, die ermordet wurden. Diese Zahl ist monströs, buchstäblich unfassbar.»

Gedenkstätte Yad Vashem/Jerusalem

Personen:

Die Familie Wittekind:

Heinrich Wittekind, geb. 20. Juli 1867 Büdingen – gest. 2. Februar 1960 Büdingen

Hedwig Bertha Wittekind, geb. Ernst, geb. 31. August 1868 Schmorditz/ Sachsen – gest. 23. Juni 1920 Büdingen (erste Ehefrau von Heinrich Wittekind)

Else Wittekind, geb. Neumann, geb. 21. Januar 1884 Angermünde – gest. 19. April 1976 Büdingen (zweite Ehefrau)

Hedwig Wittekind, geb. 7. Juni 1896 Hungen – gest. 31. Oktober 1949 Büdingen

Karl Wittekind, geb. 5. November 1897 Büdingen – gest. 9. Dezember 1942 Lüdenscheid

Albrecht Wittekind, geb. 8. Oktober 1904 Büdingen – gest. 13. Februar 1967 Giessen

Herbert Wittekind, geb. 11. August 1922 Büdingen – gest. 9. Mai 2011 Büdingen (Sohn aus zweiter Ehe)

Die Berliner Widerständler:

Werner Müller, geb. 4. April 1912 Berlin, deportiert am 6. September 1944 in das KZ Auschwitz, von dort in das KZ Sachsenhausen und am 17. November 1944 in das KZ Dachau. Gestorben am 3. Januar 1945 in Kaufering/Kreis Landsberg (gemeldet vom Sonderstandesamt Arolsen).

Adelheid Müller-Hess, geb. 10. September 1909 Hanau - gest. 13. Mai 1964 Berlin

Hildegard Neumeier, geb. Paukstadt, geb. 15. August 1902 Hamborn, verheiratet, zwei Kinder. Sie erhielt am Ende des Verfahrens eine Zuchthausstrafe und wurde vom Frauengefängnis Barnimstraße ins Zuchthaus St. Georgen/Bayreuth verlegt und dort von den amerikanischen Truppen befreit.

Franz Josef Streit, geb.14. Oktober 1898 Gramelow. Er wurde mit dem Tode bestraft und am 22. Januar 1945 im Zuchthaus Brandenburg-Görden hingerichtet. In seinem Heimatort Demmin wurde 1969 eine Gedenktafel eingeweiht, die seit 1992 verschwunden ist. In der Taunusstraße 4, Berlin, erinnert seit 2008 ein Stolperstein an seine Widerstandsarbeit und an seinen Einsatz für ein jüdisches Ehepaar.

Die Widerstandskämpfer Anton Saefkow, Franz Jacob und Bernhard Bästlein wurden am 18. September 1944 in Brandenburg hingerichtet.

Walburga Pechel, geb. Mayser, geb. 30. August 1905, Festnahme 12. Juli 1944, sechs Jahre Zuchthaus, befreit.

Gertrud Temlitz, geb. Wittnebe, geb. 23. Januar 1909, wohnte in Schönow/Brandenburg, im Keller Tiegeldrucker aufgestellt (von Jacob und Wegener), dort den Aufruf «Arbeiter und Arbeiterinnen der Berliner Betriebe!» gedruckt, Festnahme am 8. Juli 1944, sechs Jahre Zuchthaus, befreit.

Elli Voigt, geb. Garius, geb. 22. Februar 1912, Schönow, verteilte Flugblätter, verhaftet 13. Juli 1944, Todesstrafe, hingerichtet am 8. Dezember 1944 in Plötzensee.

Gustav Wegener, geb. 23. Mai 1908, verheiratet mit Frieda, geb. Schulz, geb. 11. Dezember 1910. Sie tauchte bei Verhaftung des Ehemannes am 5. Juli 1944 unter. Todesstrafe und hingerichtet am 11. Dezember 1944 in Brandenburg.

Gerhard Zeidler, geb. 19. Mai 1913, von Franz Streit angeworben, November 1943 zur Wehrmacht einberufen, verhaftet 7. August 1944, eingezogen am Kriegsende in eine Wehrmachtseinheit und überlebt als er die Front wechselte und zur Roten Armee überlief.

Endnoten

1 Brief von Albrecht Wittekind an Hedwig Wittekind vom 22. Januar 1943

2 siehe im Kapitel: Die wunderbare Rettung eines kleinen jüdischen Mädchens.

3 Hanneliese Palm/Christoph Steker (Hg.): Künstler, Kunden, Vagabunden. Bibliothek der Archive, Fritz-Hüser-Institut Düsseldorf, Düsseldorf 2020, S.11

4 BArch Berlin, R 3018/1503 NJ (NJ = Nazi-Justizakte), Franz Streit, geb. 14.10.1898 in Gramelow/ Kreis Stargard/Mecklenburg.

5 Günter Schmeer: Bewährung im Kampf: Zur Geschichte des antifaschistischen Widerstands unter Führung der KPD im Gebiet des heutigen Bezirkes Neubrandenburg (1933-1945). Hg. von Bezirkskommission zur Erforschung der Geschichte der örtlichen Arbeiterbewegung bei der Bezirksleitung Neubrandenburg der SED, o.J, o.O., Seite 47

6 Ursel Hochmuth: Illegale KPD und Bewegung «Freies Deutschland» in Berlin und Brandenburg 1942-1945. Biographien und Zeugnisse aus der Widerstandsorganisation um Saefkow, Jacob, Bästlein, Teetz 1998.

7 Annette Neumann/Bärbel Schindler-Saefkow: Die Saefkow-Jacob-Bästlein Organisation 1942 bis 1945, S. 144- 157, hier S. 144. In: Hans Coppi/Stefan Heinz (Hg.) Der vergessene Widerstand der Arbeiter, Gewerkschafter, Kommunisten, Sozialdemokraten, Trotzkisten, Anarchisten und Zwangsarbeiter, Berlin 2012

8 a.a.O., S. 145

9 a.a.O., S. 150

10 a.a.O., S. 156/157

11 BArch Berlin, R 3018/1503 (NJ) zu Franz Streit

12 Hochmuth, a.a.O., S. 260. Zeidlers Pflegevater Louis Müller war ebenfalls KPD-Mitglied und wurde am 20. November 1944 im KZ Sachsenhausen ermordet. Gerhard Zeidler war schon aufgrund dieses familiären Hintergrunds eine «sichere» Anwerbung.

13 BArch Berlin, R 3018/1503 (NJ) zu Franz Streit

14 BArch Berlin, R/3018/1503 in Anklageschrift wie zu Franz Streit; siehe auch Karen Holtmann: Die Saefkow-Jacob-Bästlein-Gruppe vor dem Volksgerichtshof: Die Hochverratsverfahren gegen die Frauen und Männer der Berliner Widerstandsorganisation 1944-1945, Paderborn 2010, S. 233f.

15 a.a.O.

16 Neumann/Schindler-Saefkow, a.a.O. S. 151

17 «Die Unsichtbaren – Wir wollen leben», Regie Claus Räfle, Deutschland 2017, sowie zahlreiche Veröffentlichungen der Gedenkstätte Deutscher Widerstand in Berlin, darunter: Beate Kosmala/ Claudia Schoppmann (Hg.): Überleben im Untergrund. Band 5: Hilfe und Rettung für Juden in Deutschland 1941-1945, Berlin 2002

18 Beate Kosmala, Hilfe für Juden in Deutschland 1938-1945, in: Widerstand gegen den Nationalsozialismus, Hg.: Studienkreis Deutscher Widerstand 1933-1945, Frankfurt am Main 2007, hier S. 92; siehe auch Peter Wyden: Stella Goldschlag - Eine wahre Geschichte, Göttingen 2019

19 Mehrere Beispiele dazu in: Wolfgang Benz, Im Widerstand – Größe und Scheitern der Opposition gegen Hitler, München 2018, S. 258-283.

20 Ruth Andreas-Friedrich: Der Schattenmann, Berlin 1986; Eugen Hermann-Friede: Abgetaucht! Als U-Boot im Widerstand, Hildesheim 2004; ders. Für Freudensprünge keine Zeit, Berlin 2002; Cioma Schönhaus: Die unglaubliche Geschichte eines jungen Grafikers, der im Untergrund gegen die Nazis kämpfte, Frankfurt/Main 2004

21 Neumann/Schindler-Saefkow, a.a.O., S. 153

22 Landesarchiv Berlin, Bestand C Rep. 118-01, Nr. 4859 zu Adelheid Müller-Hess

23 Landesamt für Bürger- und Ordnungsangelegenheiten Berlin, Abt. I Entschädigungsbehörde, I A 42, Signatur 12.743

24 Jüdisches Gemeindeblatt für Rheinland und Westfalen, Nr. 14/1938, S. 138, Köln. Den Hinweis verdanke ich dem NS-Dokumentationszentrum Köln, Mail vom 5. Oktober 2020

25 aus der Biographie des Dirigenten Hans Wilhelm Steinberg in: OF-601-12-AS_William Steinberg_ Tafeln_lay1_MG.indd

26 Schreiben von Ernst Drucker aus New York vom 25. Juni 1956, in: Landesamt für Bürger- und Ordnungsangelegenheiten (LABO) Berlin, Abt. I – Entschädigungsbehörde, I A 42, Signatur 363.766

27 Aussage Adelheid Müller-Hess, in: Landesamt für Bürger- und Ordnungsangelegenheiten (LABO) Berlin, Abt. I – Entschädigungsbehörde, I A 42, Signatur 12.743

28 Landesarchiv Berlin, Bestand C Rep. 118-01, Nr. 4859 zu Adelheid Müller-Hess

29 BArch Berlin, R 3018/1503 (NJ) zu Franz Streit

30 Landesarchiv Berlin, Bestand C Rep. 118-01, Nr. 4859 zu Adelheid Müller-Hess

31 a.a.O.

32 Ursula Krause-Schmitt «Nun muss sich alles, alles wenden», zitiert aus den Erinnerungen von Lin Jadalti/Eberhard Rebling: Sag nie, du gehst den letzten Weg, Lebenserinnerungen 1911-1988, Marburg 1995, in: Informationen Heft 82, Jahrgang 2015, S. 25/26, Hg.: Studienkreis Deutscher Widerstand 1933-1945

33 *https://moebus-flick.de/die-judenhaeuser-wiesbadens/bahnhofstr-25/thekla-hess-geborene-kaufmann/*; siehe auch: Wiesbadener Tagblatt 13. Januar 2012

34 Der Vater Siegfried Müller starb bereits 1939 in Berlin, seine Schwester Gerda Pauline war über Großbritannien im September 1935 nach Südafrika emigriert. In der Datenbank des Bundesarchiv Koblenz ist die Mutter Martha Amalie Müller, geb. Schlesinger, geb. 12.9.1890 Berlin, als deportiert aus Berlin eingetragen und am 1.3.1944 im KZ Auschwitz ermordet. Zitat aus den Erinnerungen von Hedwig Wittekind zu «Hanna»

35 Hedwig Wittekind brachte im Sommer 1945 ihre Erinnerungen – mit Hilfe ihres Bruders an der Schreibmaschine – zu Papier. Das Original der Erinnerungen befindet sich in der Spruchkammer-Akte des Vaters Dr. Heinrich Wittekind im HHStAW, Abt. 520/16, Nr. 12056, Blatt 12-34 und eine Durchschrift in der Spruchkammer-Akte von Albrecht Wittekind im HHStAW, Abt. 520/04, Nr. 3814, sowie dort die Bescheinigung von Adelheid Müller-Hess zur Rettung ihres Kindes, Blatt 35. Die Anonymisierung des Vornamens zu Hanna wurde von der Autorin vorgenommen.

36 Stadtarchiv Büdingen, Aktenzeichen (A)A01/XVIII, 1 und 2, Mail vom 13. Oktober 2020

37 Monica Kingreen (Hg.): «Nach der Kristallnacht», Jüdisches Leben und antijüdische Politik in Frankfurt am Main 1938-1945, Frankfurt am Main 1999

38 Stadtarchiv Büdingen, Auskunft des Archivars Peter Zinnkann vom 28. September 2011

39 Auskunft dazu vom Stadtarchiv Büdingen am 6. Mai 2020.

40 HHSta Wiesbaden, Abt. 520/04, 560, Spruchkammer-Akte für Kurt Petzold

41 Aus einer bislang von der Autorin unveröffentlichten Recherche zu Kindern aus sogenannten Mischehen ist bekannt, dass die Frankfurter Gestapo nach Abschluss der großen Deportation im Jahr 1943 weitere 32 Kinder nach Berlin verschleppen ließ. Sie wurden in das Jüdische Krankenhaus Berlin gebracht und sollten dort abwarten, bis ihr Status eines «Mischlings ersten Grades», bzw. «Geltungsjuden» geklärt worden wäre. Zwei Mädchen aus dieser Gruppe wurden später deportiert.

42 Staatsarchiv Darmstadt, HStAD, G 15 Büdingen, P 194 und P 196

43 Die Heimerziehung aus der NS-Zeit und der Nachkriegszeit wird bis heute kritisch erforscht.

44 HHSta Wiesbaden, Abt. 520/04, 560, Spruchkammer-Akte für Kurt Petzold

45 a.a.O.

46 Internetportal: Landesarchiv Thüringen-Hauptstaatsarchiv, staatliches Bauhaus Weimar, Nr. 156, transkribiert aus der alten deutschen Schrift von Carsten Parré, Stadtarchivar in Büdingen. Kleine orthographische Fehler wurden von der Autorin wegen der Lesbarkeit verbessert.

47 Hans Schmidkunz, Frauenstudium I, 1913, S. 298, in: Carola Muysers (Hg.) Die Bildende Künstlerin, Amsterdam/Dresden 1999

48 Leonore Ripke-Kühn, Die Frau in der Bildenden Kunst, 1919, S.150/151, in: Carola Muysers, a.a.O.

49 a.a.O.

50 Internetportal: Landesarchiv Thüringen-Hauptstaatsarchiv, staatliches Bauhaus Weimar, Nr. 156

51 Signatur: II/2, 7, Stadtarchiv Büdingen Mail vom 14.5.2020, sowie Auskunft vom Stadtarchiv Büdingen vom 28. Mai 2020

52 Else Neumann, die zuvor in Gießen wohnte, meldete sich am 19. Juni 1920 in Büdingen an, vier Tage bevor Mutter Wittekind am 23. Juni 1920 verstarb. Vielleicht wurde Mutter Wittekind bereits in Gießen von Else Neumann gepflegt? Und sie kehrte zum Sterben zurück? Nach deren Tod zog Else Neumann am 30. September 1920 zu ihrer Großmutter nach Hanau. Heirat am 19. März 1921 in Magdeburg mit Dr. Wittekind, Anmeldung erneut in Büdingen am 26. März 1921.

53 siehe Linda Elke Buchholz, in: Käthe Kollwitz und Berlin, – Eine Spurensuche, Hg.: Kathleen Krenzlin für das Bezirksamt Pankow von Berlin, Berlin 2017, S. 100-103. Die Recherche zu Hedwig Wittekind in den Adressbüchern nahm Elke Linda Buchholz vor, als sie für ihren Lebensbericht der Bildhauerin Käthe Kollwitz die Künstler des Atelierhauses aufzeichnete. Von ihr stammen die Angaben aus den Berliner Adressbüchern. Ich danke ihr für diese Mitteilung und Unterstützung.

54 Käthe Kollwitz, Die Tagebücher 1908-1943, herausgegeben von Jutta Bohnke Kollwitz, zitiert nach der Neuausgabe München 2018, S. 858

55 Käthe Kollwitz, a.a.O., S. 784

56 Käthe Kollwitz, a.a.O., S. 218.

57 Käthe Kollwitz, a.a.O., S. 799/800, zitiert aus einem Brief an einen unbekannten Empfänger im April 1918, aufbewahrt in der Galerie St. Etienne, New York

58 Käthe Kollwitz, a.a.O., S. 533/534

59 Käthe Kollwitz, a.a.O., S. 617

60 Henriette Mendelssohn, Pariser Studientage, 1897, in: Carola Muysers (Hg.), Die bildende Künstlerin, Wertung und Wandel in deutschen Quellentexten, Amsterdam/Dresden 1999, S. 282-287

61 Auskunft der Archivarin Dr. Anke Matelowski vom 6. September 2019 (Akademie der Künste) und von Jana Spiller vom Zentralarchiv der Staatlichen Museen zu Berlin vom 16. September 2019

62 BArch Berlin R 9361-IX-Kartei / 49210447, Mail vom 25. September 2019

63 Büdinger Allgemeiner Anzeiger vom 4. März 1933, Quelle: Stadtarchiv Büdingen, Mail vom 12. November 2020

64 Siehe den Beitrag «Die Reichskammer der bildenden Künste» von Nina Kubowitsch, in Hg.: Wolfgang Benz/Peter Eckel/Andreas Nachama: Kunst im NS-Staat, Berlin 2015, S. 49-57.

65 Siehe Adressbuch Berlin 1935 und Samuel Hamen zur Fluchtroute von Martha Boschwitz und Sohn Ulrich, sowie Helene Schain: *«Jetzt ist man Luft, schlechte Luft!» - d'Lëtzebuerger Land* ltrtr.de

66 Mehrere Briefe von Hedwig Wittekind seit Mai 1941, hier: Sonntag, offenbar 20. Juli 1941. Über den Ausgang des Verfahrens ist nichts bekannt.

67 Teo Gebürsch, Maler und Karikaturist, 1899-1958, lebte von 1929-1943 in Berlin, 1936 Ausstellungsverbot. Brief von Albrecht Wittekind an Hedwig vom 19./20. September 1942

68 Hedwig Wittekind an Albrecht, Brief vom 23. September 1942

69 Offenbar ein Brief Hedwigs von Anfang 1941, in welchen sie die Kopie ihres Schreibens an den Vater beilegt.

70 Hedwig Wittekind an Albrecht Wittekind, Brief vom 16. Juli 1941

71 Albrecht Wittekind an Hedwig Wittekind, Brief vom 17. Mai 1941

72 Brief von Hedwig Wittekind an Albrecht, Samstag, den 19. April 1941, in französischer Sprache: Aussi je ne veux pas aux parents, tu sais, on ne me laisse pas modeler, qu'un trockenboden, comme d'autre fois. Il me faut avoir assez de liberté, d'être seul sans ça, je ne peux pas respirer. J'ai envie de faire des portraits à la maison. J'ai commencer un portrait de Irmgard – ça m'intéresse bien. Tout le monde me dit, de ne pas prendre relation avec les «Behörden». On ne me laisser plus libre – je ne peux pas vivre sans un peu de liberté, pour travailler. ... Et moi – je ne suis qu'une artiste, mal placée – mais ça dépend seulement des choses extérieures. Si, j'ai un jour assez de temps pour faire de bonnes portraits – j'arriverai tout sûrement. Un jour peut-être, se le soleil du bonheur se le vera aussi desus de ma tête! Je me developerai comme une fleur aux printemps!!!

73 Hedwig Wittekind an Albrecht Wittekind, Brief vom Januar 1941

74 Hedwig Wittekind an Albrecht Wittekind, Brief vom 8. Juni 1941

75 Hedwig Wittekind an Albrecht Wittekind, Brief vom 31. März 1941

76 Brief von Albrecht Wittekind an Hedwig vom 2. April 1941

77 Heinrich Wittekind an Albrecht Wittekind, Brief vom 30. Juni 1941

78 Hedwig Wittekind an Albrecht Wittekind, Brief vom 14. Juli 1941

79 Brief von Albrecht Wittekind an Heinrich Wittekind vom 7. September 1941

80 Brief von Albrecht Wittekind an Hedwig vom 11. September 1941

81 Elisabeth Wittekind an Ehemann Albrecht Wittekind, Brief vom 17. Juli 1941. Der Junge hatte wohl eine Angina, die Hedwig dank ihrer homöopathischen Anwendungen heilen konnte.

82 Albrecht Wittekind an Hedwig Wittekind, Brief vom 6. Januar 1942

83 Hedwig Wittekind an Albrecht Wittekind, Brief vom 23. September 1942

84 Hedwig Wittekind an Albrecht Wittekind, Brief vom 28. Oktober 1942. Mit «Steherei» ist das Modell-Stehen gemeint.

85 Hedwig Wittekind an Albrecht Wittekind, 14. November 1942

86 Albrecht Wittekind an Hedwig Wittekind, Brief vom 3. Dezember 1942)

87 Hedwig Wittekind an Albrecht Wittekind, Brief vom 6. Dezember 1942

88 Stadtarchiv Lüdenscheid, Signatur: LS 3-37, Einwohnermeldekarte und Adressbuch 1939, Mail vom 29. Oktober 2020

89 Heinrich Wittekind an Albrecht Wittekind, Brief vom 29. Juni 1941

90 Hedwig Wittekind an Albrecht Wittekind, Brief vom 18. Januar 1943

91 Albrecht Wittekind an Hedwig Wittekind, Brief vom 21./22. Januar 1943

92 Hedwig Wittekind an Albrecht Wittekind, Berlin am 18. Januar 1943.

93 Aussage des Enkels Harald Wittekind, Mail vom 4. September 2018

94 Aussage von Prof. Dingeldein vom 5.2.1948 in Büdingen und Erklärungen zweier Schüler, sowie die Aussage von Johannes Luff in: HHStA Wiesbaden, Spruchkammerakte Abt. 520/16, Nr. 12056 – Heinrich Wittekind

95 Volkmar Stein, Büdingen: Ein Versuch zur Geschichte der Stadt, 2011, hier: Seite 428-435

96 Büdinger Allgemeiner Anzeiger, 16. Mai 1933, Quelle: Stadtarchiv Büdingen, Mail vom 6. April 2020

97 Büdinger Allgemeiner Anzeiger unter «Verschiedenes» vom 4. April 1933, Quelle: Stadtarchiv Büdingen, Mail vom 13. Oktober 2020

98 Büdinger Allgemeiner Anzeiger vom 10. August 1933, Quelle: Stadtarchiv Büdingen, Mail vom 27. Mai 2020

99 Heimatblätter für den Kreis Büdingen, Beitrag vom Januar 1935, Ausgabe Nr. 1, Quelle: Stadtarchiv Büdingen, Mail vom 2. Juli 2020

100 HHSta Wiesbaden, Spruchkammerakte Abt. 520/16, Nr. 12056, Heinrich Wittekind

101 a.a.O.

102 Aussage vom 14. Juni 1947 von Wilhelm Grimm, in: HHSta Wiesbaden, Abt. 520/16, Nr. 12056 – Heinrich Wittekind, S. 9. In der Anklageschrift der Spruchkammer wird Dr. Heinrich Wittekind vorgeworfen, dass er ein «alter Kämpfer», das heißt vor 1933, mit voller Überzeugung der NSDAP beigetreten, vom November 1931 bis Ende des Dritten Reiches NSDAP-Mitglied mit der Mitglieds-Nr. 692564 und von 1935 – 1945 förderndes Mitglied der SS, 1933 – 1945 in der Nationalsozialistischen Volkswohlfahrt (NSV), sowie im Nationalsozialistischen Lehrerbund (NSLB) gewesen sei. Unerwähnt blieb seine Zugehörigkeit in der NSDAP-Fraktion im Kreistag Büdingen/ nachgewiesen bis 1937.

103 HHSta Wiesbaden, Abt. 518-29983 - Martin Markloff, verheiratet, Studienrat

104 Brief von Albrecht Wittekind aus dem Stalag IX Ziegenhain/Bez. Kassel vom 18. Juni 1941.

105 Hedwig Wittekind, Brief vom 12. Juli 1941.

106 Hedwig Wittekind, a.a.O.

107 Erläuterung zu den Einstufungen der Entnazifizierung: Gruppe 1: Hauptbeschuldigte (Kriegsverbrecher), Gruppe 2: Belastete (Aktivisten, Militaristen und Nutznießer), Gruppe 3: Minderbelastete (Bewährungsgruppe), Gruppe 4: Mitläufer, Gruppe 5: Entlastete.

108 Kreis-Anzeiger, Ausgabe vom 20. Juli 1957, Seite 3. Quelle: Stadtarchiv Büdingen, Mail vom 25. Februar 2020

109 HHSta Wiesbaden, Abt. 520/04, Nr. 3814, Spruchkammer-Akte - Albrecht Wittekind, NSDAP-Mitglied 1930-1935, Mitglieds-Nr. 272476, NSRB von 1933-1939, 1935 aus der NSDAP ausgeschlossen.

110 Absender war das Parteigericht der Nationalsozialistischen Deutschen Arbeiterpartei, Original in: HHSta Wiesbaden, Spruchkammer-Akte, a.a.O., S. 99

111 HHSta Wiesbaden, Abt. 520/04, Nr. 3814, alle Aussagen aus der Spruchkammer-Akte Albrecht Wittekind

112 Brief von Hedwig Wittekind vom 23.4.1941/Stempel 24.4.1941 aus Berlin Friedenau. Cher Albrecht, Je n'ai plus envie d'entreprendre de grand changements, ni de métier, en de domicile. J'aimerai rester ici, et de faire des portraits, pour faire peut-être plus tard une exposition de mes «oeuvres» les meilleurs faites. … Je veux essayer d'arriver pourtant comme artiste, c'est le seul, que je pense – peut-être bientot, j'ai assez pour exposer. –

113 Petra Bonavita: Mit falschem Pass und Zyankali, Stuttgart 2009; dies.: Quäker als Retter, Stuttgart 2014; dies.: Nie aufgeflogen – Gotthold Fengler: Ein Gestapo-Beamter als Informant einer Widerstandszelle im Frankfurter Polizeipräsidium, Berlin 2012

114 Petra Bonavita: Mit falschem Pass und Zyankali, Stuttgart 2009, S. 117

Werkverzeichnis Hedwig Wittekind 1926-1936

Weimar 1916

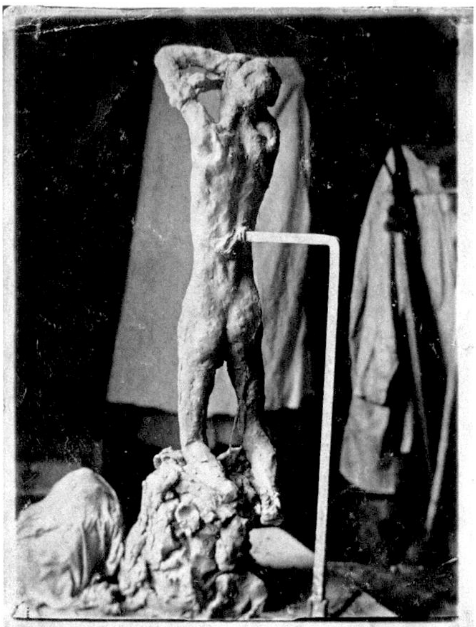

Weimar 1917

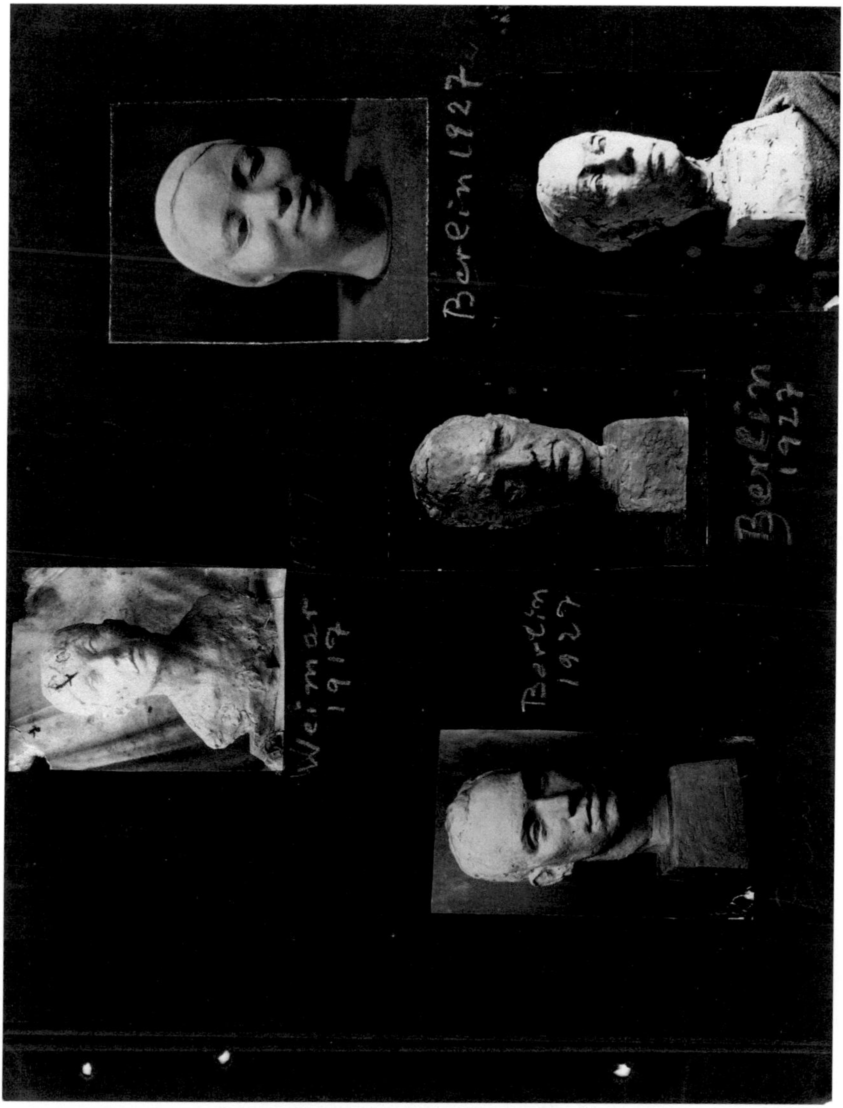

Berlin 1927, eine Seite aus dem Album

Berlin 1928-29

Berlin 1928-29

Büdingen, nach Photos gearbeitet

Paris Februar 1930

Paris 1930

Berlin 1933

Berlin 1933-34

Berlin Mai 1932

Berlin 1932

Berlin 1933-34

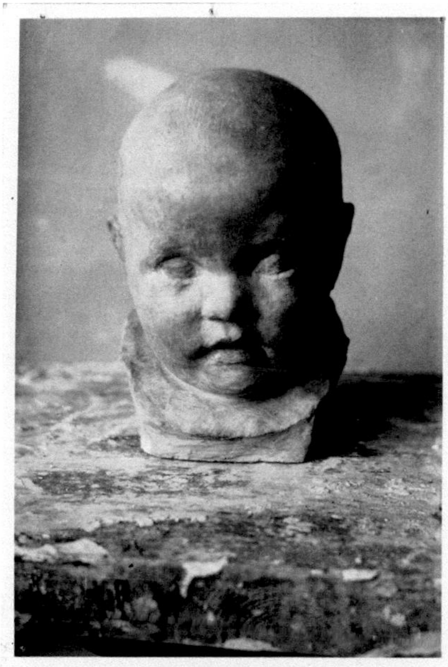

Ohne Datum

Ohne Datum

Dank:

Seit zwanzig Jahren gibt es eine produktive und gute Zusammenarbeit mit dem Schmetterling Verlag, meiner Lektorin Marei Hartlaub, mit Dr. Dieter Maier und Rolf Mütze. Diese Zusammenarbeit trägt maßgeblich dazu bei, dass auch diese Recherche zur Aufklärung und Erinnerung ihren Weg auf den Büchertisch findet. Ihnen sei herzlich gedankt. Es freut mich, dass mehrere Mitglieder der Familie Wittekind meine Suche mitgetragen haben und dafür bedanke ich mich sehr herzlich bei Kathi Hartwig-Wittekind, Camilla Wittekind, Harald Wittekind und der verstorbenen Lilli Wittekind, die meine erste Gesprächspartnerin war, und ihrem Sohn Herbert Wittekind. Ich habe unzählige Archive angeschrieben, Freunde haben sich auf den Weg zu ihnen gemacht und mitunter wurden mir privat recherchierte Aufzeichnungen überlassen. Dafür bedanke ich mich sehr bei Dr. Thomas Altmeyer/Studienkreis Deutscher Widerstand 1933-1945 e.V. in Frankfurt am Main, Saskia Bruns/Stadtarchiv Lüdenscheid, Elke Linda Buchholz/Berlin, Sabine Gresens/Bundesarchiv Berlin, Sigrid Göckel/Mittel-Gründau, Renate Hebauf/Frankfurt am Main, Hessisches Hauptstaatsarchiv Wiesbaden, Kathleen Krenzlin/Berlin, David Krüger/Demmin, Dr. Anke Matelowski/Akademie der Künste Berlin, Dr. Susanne Knoblich/Landesarchiv Berlin, Nina Matuszewski/NS-Dokumentationszentrum Köln, Dr. Eva Mongi-Vollmer/Frankfurt am Main, Ulrike Motzfeld/Berlin, Christian Nitz/Käthe Kollwitz Museum Köln, Katja und Jürgen Schoo/Berlin, Barbara Suthoff/Lausanne, Zentralarchiv - Staatliche Museen zu Berlin, Peter Zinnkann und Carsten Parré/Stadtarchiv Büdingen.

Archive:

Akademie der Künste Berlin

Bundesarchiv Berlin (BArch Berlin)

Gedenkstätte Deutscher Widerstand Berlin

Hessisches Hauptstaatsarchiv Wiesbaden (HHStAW)

Landesamt für Bürger-und Ordnungsangelegenheiten Berlin/Entschädigungsbehörde

Landesarchiv Berlin

Landesarchiv Thüringen

NS-Dokumentationszentrum der Stadt Köln

Staatsarchiv Darmstadt

Stadtarchiv Büdingen

Stadtarchiv Lüdenscheid

Studienkreis Deutscher Widerstand Frankfurt am Main 1933-1945

Zentralarchiv - Staatliche Museen zu Berlin

Literatur:

Andreas-Friedrich, Ruth: Der Schattenmann, Berlin 1986

Bajus, Reiner: Wikipedia-Eintrag zu «NS-Zwangsarbeit in Büdingen und in umliegenden Gemeinden» 16. April 2004

Benz, Wolfgang: Im Widerstand, Größe und Scheitern der Opposition gegen Hitler, München 2018

Bonavita, Petra: Mit falschem Pass und Zyankali – Retter und Gerettete aus Frankfurt am Main in der NS-Zeit, Stuttgart 2009

Bonavita, Petra: Nie aufgeflogen – Gotthold Fengler: Ein Gestapo-Beamter als Informant einer Widerstandszelle im Frankfurter Polizeipräsidium, epubli Berlin 2013

Bonavita Petra: Quäker als Retter … im Frankfurt am Main der NS-Zeit, Stuttgart 2014

Hermann-Friede, Eugen: Für Freudensprünge keine Zeit, Berlin 2002; ders.: Abgetaucht! Als U-Boot im Widerstand, Hildesheim 2004

Hochmuth, Ursel: Illegale KPD und Bewegung «Freies Deutschland» in Berlin und Brandenburg 1942-1945. Biographien und Zeugnisse aus der Widerstandsorganisation um Saefkow, Jacob, Bästlein, Teetz 1998

Holtmann, Karen: Die Saefkow-Jacob-Bästlein-Gruppe vor dem Volksgerichtshof: Die Hochverratsverfahren gegen die Frauen und Männer der Berliner Widerstandsorganisation 1944-1945, Paderborn 2010

Kingreen, Monica (Hg.): «Nach der Kristallnacht», Jüdisches Leben und antijüdische Politik in Frankfurt am Main 1938-1945, Frankfurt am Main 1999

Kollwitz, Käthe: Die Tagebücher 1908-1943, München 2018

Kosmala, Beate: Hilfe für Juden in Deutschland 1938-1945 (S. 90-108), in: Studienkreis Deutscher Widerstand 1933-1945 (Hg.): Widerstand gegen den Nationalsozialismus, Tagung vom 17./18.3.2007 in Frankfurt am Main, Frankfurt/Main 2007

Kosmala, Beate/Schoppmann, Claudia (Hg.): Überleben im Untergrund. Band 5: Hilfe und Rettung für Juden in Deutschland 1941-1945, Berlin 2002

Krenzlin, Kathleen (Hg.): Käthe Kollwitz und Berlin – Eine Spurensuche, Galerie Parterre Berlin, Dt. Kunstverlag 2017

Kubowitsch, Nina: Die Reichskammer der bildenden Künste, in: Wolfgang Benz/Peter Eckel/ Andreas Nachama (Hg.): Kunst im NS-Staat, Berlin 2015

Muysers, Carola (Hg.): Die bildende Künstlerin. Wertung und Wandel in deutschen Quellentexten, Amsterdam/Dresden 1999

Neumann, Annette/Schindler-Saefkow, Bärbel: Die Saefkow-Jacob-Bästein-Organisation 1942-1945, in: Hans Coppi/Stefan Heinz (Hg.): Der vergessene Widerstand der Arbeiter, Gewerkschafter, Kommunisten, Sozialdemokraten, Trotzkisten, Anarchisten und Zwangsarbeiter, Berlin 2012

Opitz, Silke: Ein Gentlemankünstler – Leben und Werk des Bildhauers Richard Engelmann, Berlin 2000

Räfle, Claus (Regie): Die Unsichtbaren – Wir wollen leben, Deutschland 2017

Schmeer, Günter: Bewährung im Kampf: Zur Geschichte des antifaschistischen Widerstands unter Führung der KPD im Gebiet des heutigen Bezirkes Neubrandenburg (1933-1945). Hg. Von Bezirkskommission zur Erforschung der Geschichte der örtlichen Arbeiterbewegung bei der Bezirksleitung Neubrandenburg der SED, o.J, o.O.

Schönhaus, Cioma: Die unglaubliche Geschichte eines jungen Grafikers, der im Untergrund gegen die Nazis kämpfte, Frankfurt/Main 2004

Schülerinnen an der Großherzoglich Sächsischen Hochschule für bildende Kunst und am Staatl. Bauhaus Weimar: Archivalien Sign. 156, Datierung 1911-1922, 1925, darin Hedwig Wittekind 1915-1917: staatsarchive.thulb.uni-jena.de

Stein, Volkmar: Büdingen: Ein Versuch zur Geschichte der Stadt, Büdingen 2011

Winterberg, Yury und Sonya: Kollwitz - Die Biografie, München 2015.

Wyden, Peter: Stella Goldschlag - Eine wahre Geschichte, Göttingen 2019

Bildnachweis

Seite 155: Demminer Heimatverein e.V.

Seite 19 und 31: Entschädigungsbehörde Berlin im Landesamt für Bürger- und Ordnungsangelegenheiten, Aktenzeichen 12.743: Kennkarte Werner Gerhard Müller 1939, Ausweis Adelheid Müller-Hess 1946 und Brief von Ernst Drucker 1956

Seite 75: Kinderheim „Frohkind“, Stadtarchiv Büdingen

Seite 100: Käthe Kollwitz, Selbstbildnis, 1926-1936, Bronze, h 370 x b 231 x t 292 mm, Seeler 26 I.B.3, Kölner Kollwitz Sammlung © Käthe Kollwitz Museum Köln

Seite 155: Katja und Jürgen Schoo, Berlin

Alle weiteren Abbildungen aus den Familienalben in Privatbesitz:

Kathi Hartwig/Gelnhausen und Harald Wittekind/Meyrin/Schweiz

Das Copyright an den abgebildeten Fotos liegt bei den Bildgebern.